职场礼仪

BUSINESS ETIQUETTE

刘雅琳◎著

U0360682

清华大学出版社

北京

图书在版编目（CIP）数据

职场礼仪 / 刘雅琳著. -- 北京 ：清华大学出版社，2025. 2.
ISBN 978-7-302-67968-4

Ⅰ. C912.12

中国国家版本馆 CIP 数据核字第 2025SF5712 号

责任编辑：陆浥晨
封面设计：李召霞
责任校对：宋玉莲
责任印制：刘海龙

出版发行：清华大学出版社
    网 址：https://www.tup.com.cn，https://www.wqxuetang.com
    地 址：北京清华大学学研大厦 A 座   邮 编：100084
    社 总 机：010-83470000   邮 购：010-62786544
    投稿与读者服务：010-62776969，c-service@tup.tsinghua.edu.cn
    质量反馈：010-62772015，zhiliang@tup.tsinghua.edu.cn
印 装 者：河北鹏润印刷有限公司
经 销：全国新华书店
开 本：170mm×240mm **印 张**：14.25 **字 数**：224 千字
版 次：2025 年 3 月第 1 版   **印 次**：2025 年 3 月第 1 次印刷
定 价：58.00 元

产品编号：096883-01

前　言

我从小生长在一个"以礼为荣"的家族。受家族文脉和家风的影响，我成了礼仪的学习者、研究者、实践者、传播者和受益者。几十年来，"礼仪"一直伴随着我的生活和工作。通过对这几十年的学习、研究、实践和传播过程的总结提炼，我完成了这本书。

这是一本撰写艰难的书

从提笔到成书，花了十余年。2012年秋，我在讲座中多次被学员催书。看着他们期待的眼神，在返程的车上，我写出下《职场礼仪》的第一批文字。2015年冬，受邀为首都职工素质工程办公室录制100集"职业礼仪"系列视频课程。从大纲到脚本，这一过程花了整整两年。至此，30多万字的文稿基本形成。

这是一本经过检阅的书

2021年春，经过几年的打磨与完善，全国总工会中国职工电化教育中心组织专家组对书稿进行了全面系统的评审，认为可以作为全国职工学习培训教材推广。2022年夏，我受邀为北京市总工会职工文化大讲堂录制"职工礼仪文化素养"系列课程。在这个过程中，本书也在反反复复的修改中凝练成型。

这是一本接地气的书

我想用凡人的小事、质朴的语言、真实的案例告诉读者，在职场中应该遵循的礼仪规范，帮助大家在今后的工作中，少出洋相、少走弯路、少踏雷区，有一个愉快顺畅且富有成效的职场生涯。

这是一本轴线完整的书

本书以职场人士入职前到离职的礼仪规范为完整的轴线和脉络,从职场人士的心理认知、职业形象、行为举止、沟通艺术、人际关系及职业素养等多方面出发,全面覆盖职场人士的礼仪规范。本书可以让大家全面了解、掌握职场礼仪,尽快适应职场要求,提升自身职业素养,有效促进事业发展,成为一个受人尊重的人。同时本书对提升单位的精神风貌、企业形象、文化内涵、团队凝聚力也具有很好的示范作用。

我喜欢用轻松的语言风格授课,这种风格同样体现在我的著作中,希望各位朋友能感受到这本书的亲切与温度。

由于篇幅及本人能力所限,书中无法呈现所有的礼仪规则,敬请朋友们海涵。

您的朋友　刘雅琳

目 录

第一章

职场礼仪的基础理论

第一节　职场礼仪的概念、特征及分类

一、职场礼仪的概念与特征

古人云："礼者，敬人也。"礼仪是一种待人接物的行为规范，也是交往的艺术。在职场中，除了职场技能外，最重要的是什么？相信很多人会回答：职场礼仪。

职场礼仪是人们在职场中不可缺少的一部分。我们应该深刻认识到职场礼仪的重要性，如此才能在与同事、领导、客户的交往中，做好应有的礼仪规范。否则，一个细微之处的疏忽就可能造成无法挽回的损失。

【案例分享】

赵亮亮是一家公司市场部的员工，有一天下午去财务处办理报销业务。在窗口排队等候的过程中，他将手中一张过期无法报销的发票揉成小团，随手扔在了地上，还用脚踢了一下，让纸团离开自己脚下的位置，然后装作若无其事的样子环顾四周。

正在排队报销的几个同事看见了这一幕，纷纷投来了鄙夷的目光，并窃窃私语：这是哪个部门的员工？素质怎么这么差。

恰巧此时，有位客户来财务处交项目合作定金，他看到赵亮亮把纸团扔在地上还装作若无其事的样子，顿时皱起了眉头，心里打起了鼓：不是说这家公司的管理水平和员工素质都很高吗？这个员工如此行事，他们的设备

质量是不是也有问题？售后服务会不会也很马虎？我还是回去给领导汇报一下。在心里连续冒出几个问号后，客户最终将准备递出的支票悄悄收了起来。

更为不巧的是，生产部经理陪着几位外商来公司参观，这一幕恰巧也被几位外商尽收眼底。外商捡起那个纸团问经理："贵公司有这样的员工，能做出符合我方质量要求的产品吗？"生产部经理百口难辩，闹了个大红脸。

专家解读

上例中，赵亮亮在办公场合扔纸团的一系列小动作，带来了连锁反应：让同事怀疑其个人素质，让客户怀疑公司的管理服务水平，更让外商客户怀疑整个公司的产品质量，最终导致公司丢失了几个订单。正所谓千里之堤，溃于蚁穴，本来不费吹灰之力便能扔到垃圾桶里的小纸团，却让几个客户对公司有了看法，失去了合作信任。一个看似不经意的小动作，居然带来了如此严重的后果。

作为职场人士，你的行为举止不仅仅代表个人，还代表你的单位，甚至代表你所属的地区以及国家的形象。

（一）职场礼仪的概念

礼仪是社会文明的产物，是人们在进行社会交往活动中需要遵循的行为规范与准则。其中，职场礼仪至关重要，它是人们在职场中应当遵循的一系列礼仪规范，是用来律己、敬人的一整套行为准则。其内容包括心理礼仪、形象礼仪、行为礼仪、沟通礼仪四个维度。

从个人的角度讲，职场礼仪是一个人内在修养和素质的外在表现形式。

从交际的角度讲，职场礼仪是职场人际交往中的一门艺术，是表达对人尊重、友好的行为模式。

从传播的角度讲，职场礼仪是职场人际交往中相互沟通的一种方法和技巧。

由于不同的行业有着不同的职业礼仪要求，我们没有办法在此一一呈现。因此，在本书中，我们将向大家呈现职场通用的礼仪规范，这些规范基本能够满足职场人士对职场礼仪的了解需求。

（二）礼仪和职场礼仪的特征

1. 礼仪的特征

在了解职场礼仪的特征前,首先要了解礼仪的三个主要特征。

1）共同性

礼仪的产生往往与民族的生活环境、文化背景和历史传统有着密切的关系。因此,世界上不同民族的礼仪有所不同。尽管如此,尊老爱幼、礼貌待客、礼尚往来、遵时守约等符合大多数人价值取向的基本礼仪,却是全人类、各民族所共同遵循的准则,这就是礼仪的共同性。

2）继承性

礼仪是一种文化现象,在人类的社会交往中逐渐确立或约定俗成。礼仪一旦形成,通常会长期沿袭,经久不衰。特别是诸如尊老敬贤、父慈子孝、礼尚往来等一些反映传统美德的礼仪,一代接一代流传至今,并将在子孙后代中不断发扬光大。

3）发展性

礼仪是随着社会的发展进步而逐渐形成的,因此,它也是随着时代的发展而不断发展变化的。任何时代的礼仪都体现着明显的时代特征,如从封建时代的"三从四德"到如今的男女平等,礼仪随着社会的进步而更新,以不断符合时代的要求。

2. 职场礼仪的特征

职场礼仪除了具有礼仪的三大特征外,还有其自身突出的特征,其中最为显著的有以下三个方面。

1）规范性

要想在职场中表现得彬彬有礼、有修养,就应自觉学习、熟练掌握和严格遵守礼仪规范。如果不按照被社会认可的礼仪规范去工作、交际,而是随心所欲地按自己的方式去行事,那么可能会让很多人际交往对象产生不适,甚至难以接受。所以,规范性是职场礼仪的重要特性。

2）行业性

在不同的行业中,对礼仪方面的要求又有其独特的属性和特点。比如:航空、酒店、餐饮等服务行业对礼仪规范的要求更为严格。

服务质量是服务行业的生命线,提供高质量的服务是其立足于市场竞争之本。当今社会,以"客户为中心"的服务理念已成为服务业的宗旨。因此,服务行业要求每位员工都要树立"宾客至上、服务第一"的理念,对员工的仪容仪表和言谈举止的要求比别的行业更为严格和规范。

而非服务行业,比如侧重科研、技术的行业,可能在礼仪规范的具体要求上相对要低一些。一般工作中,遵守基本的礼仪规范就可以了。可见,职场礼仪有它独特的行业性。

3)多样性

职场礼仪作为一种行为规范,它涉及工作的方方面面,这决定了其具有多样性的特点。不同的职业、不同的社交领域,都需要遵循不同的礼仪规范。例如,在办公场所、商务宴会等不同场合,所遵循的礼仪就有所不同,而且差别很大。因此,不管是内容上,还是形式上,职场礼仪的内涵是丰富多样的。

 温馨提示

深刻认识职场礼仪的概念和特征,从而更好地遵守职场礼仪规范!

二、职场礼仪的行业分类

明确职场礼仪的行业分类,能帮助我们有针对性地了解职场中各种各样的礼仪规范,从而有效提高自己的职场综合竞争力。

在职场中,不同的场合有不同的礼仪规范。求职时做足准备、遵时守约,工作时注意自己的仪容仪态,社交时注意自己的言谈举止等事项,都是作为职场人士必备的基本素养。

下面我们先来看看两个真实的案例。

 【案例分享】

 案例一

有一次,笔者受邀去参加一个论坛,邻座一位女士提着名牌包,打扮得光鲜亮丽,当我们寒暄了几句后,这位女士提出交换名片。只见她打开包,首先拿出一个化妆包,然后又翻出了一包口香糖,接着又揪出了一只丝袜。情急中,她还将包中的东西倒了一桌子,最后"啊呀"一声说:"忘带名片了!"。

看着她尴尬的样子,笔者微笑着说:"没关系!不急!以后方便时再交换。"

📋 案例二

有一次,笔者受邀到一所大学做研究生的求职面试礼仪讲座,接待笔者的一位领导惋惜地说:"我们今年将要毕业的一名研究生报考了自己很向往的公务员岗位,笔试成绩不错,但在最后面试的时候被刷了下来,备受打击。"原来这位同学在面试时不仅形象不修边幅,说话也语无伦次,而且还一副漫不经心的样子,最后的结果可想而知。

📇 专家解读

以上两个例子中,不同的场合应该有不同的礼仪规范。第一个案例中,那位女士在公众场合交换名片时,举动失礼,该拿的不拿,不该露的全露出来了,显然不符合社交礼仪的规范。而在第二个案例中,那位研究生在面试时的表现,没有符合求职面试时的礼仪规范,最后痛失自己心仪的岗位。由此可见礼仪应用的重要性。所以,要想有针对性地进行礼仪规范的学习,就要详细了解职场礼仪的分类以及具体内容。

要点综述

虽然按照礼仪的内容可以分为心理礼仪、形象礼仪、行为礼仪、沟通礼仪,但职场上有五花八门的职业,在每个人的一生中也可能会从事多种职业,所以本书呈现给大家的职场礼仪是在各种职业中通用的。

我们常见的职场礼仪可分为多个类别,每个行业的礼仪又有其独特的内涵。大的类别有公务礼仪、商务礼仪、服务礼仪、涉外礼仪、社交礼仪、求职礼仪等;而具体到每个行业又可分为航空礼仪、银行礼仪、饭店礼仪、销售礼仪、医护礼仪、教师礼仪等。

在职场中,除了以上类别的礼仪外,还可以进行如下划分。

① 仪表礼仪。也就是我们所说的着装,这是实用性礼仪,但各行业又有不同要求。

职场着装的基本原则是:符合本人的个性、志趣、体态特征、职位、企业文化、办公环境等。

② 仪容礼仪。在职场交往中,每个人的仪容都可能会引起人际交往对象的关注并形成某种印象,进而影响对方对自己的整体评价。在个人的形象礼仪中,仪容是重中之重。一定要注意相应的仪容礼仪规范。

③ 接待礼仪。在现代职场中,由于单位与单位之间,个人与个人之间的合作交往日益增多,接待工作也是必不可少的。无论是人员接待、车辆安排还是引导、介绍、用餐、会谈等环节,都必须遵守应有的礼仪规范,以确保整个接待过程顺利进行。

④ 拜访礼仪。拜访是当今流行的一种办公形式,也是对礼仪要求最多的活动之一。掌握拜访礼仪要领,将有助于工作的顺利进行。

⑤ 电子通信礼仪。电子邮件、传真、电话等现代通信工具以及各类交流软件的应用,给商务工作带来了便捷。但在使用这些工具时,我们要注意,只把有价值的信息提供给需要的人,避免给对方带来不必要的麻烦。

⑥ 沟通礼仪。职场中,沟通是人与人之间进行交流必不可少的重要工具和手段。良好的沟通能够营造出融洽的人际关系,促进合作的顺利进行。为了实现这一目标,我们应当注重沟通礼仪,讲究说话的艺术和交谈的技巧。

⑦ 面试礼仪。对于即将走上工作岗位的朋友来说,面试是一道难以逾越的门槛。有时候,在拥有相同条件的前提下,做好相关的礼仪规范往往决定着是否能面试成功,包括面试前的充分准备,面试中得体的衣着服饰、仪容仪表、言谈举止等。这些都是面试官考察求职者的重要细节。

⑧ 会议礼仪。会议是职场中的必要一环,很多事情需要经过各种各样的会议才能达成一致的结果。在会议中,除了要关注会议内容本身,还需要注意会议礼仪。会议礼仪不仅能够展现个人素养,还能够提高会议效率,促进团队合作。

 温馨提示

遵循职场礼仪分类规范,是成就事业、获得美好人生的重要前提。

第二节　职场礼仪的作用和基本原则

一、职场礼仪的作用

职场礼仪是为了顺应当今社会经济发展,为提升现代职场人士素质和能力的迫切需要,而形成的一种礼仪规范。

如今,随着我国及世界经济的发展,以及全球经济一体化的不断形成,世界各国间的联系不断加强,商务往来愈发频繁,竞争环境日益激烈。想要在众多职场人士中脱颖而出,除了需要卓越的能力外,还要掌握有效的沟通艺术并妥善处理职场人际关系,从而建立良好的职场形象。在此过程中,职场礼仪就发挥了至关重要的作用。

只有深刻了解职场礼仪的作用,才能真正认识到学好职场礼仪的重要性。只有更好地掌握职场礼仪的相关知识,才能使我们在职场中拥有更广阔的发展空间。

 【案例分享】

某制药厂由于经营不善濒临倒闭,关键时刻,政府牵线为其引进德国投资。

在即将签约之际,德国某集团总裁到该厂考察。该药厂厂长工作认真负责,亲力亲为,希望借此机会为工厂带来转机,于是亲自陪同德国总裁参观车间。参观过程中,这位厂长不经意间看到口服用液药品区地上有一摊黄色的药液,他礼貌地请德国总裁稍等,然后从容不迫地用纸巾将药液清理干净,并礼貌地向德国总裁表示歉意。

事后,德国总裁对这位厂长深表钦佩,并告知政府领导决定和药厂签约。他的理由很简单,这是制药厂,是关系人命的地方。身为厂长,能够以身作则将地上的药液清理干净,是一位值得信赖的厂长。之后,这家工厂借助外商投资起死回生,步入良好发展轨道。

专家解读

上例中,厂长面临制药厂即将倒闭的危机,在陪同德国总裁参观的过程中,展现了非常得体的职场礼仪。厂长看到地上的药液,没有选择带领来宾避开,而是蹲下清理地面。这样诚恳务实的举动背后,是一个人的道德修养、高尚品德的具体写照。所以才会给德国总裁留下良好印象,最终成功签约,挽救了工厂。这充分体现了职场礼仪在职场中潜在的巨大作用。那么,职场礼仪的作用具体有哪些呢?

要点综述

1. 对个人的作用

(1)职场礼仪可以提升个人对社会和职场的适应能力。

在人类社会中，没有人能够完全孤立地生活，人际交往是不可避免的。人们都需要按照一定的准则和规范来生活和工作，都会自觉或不自觉地受到礼仪的约束。

能够自觉接受社会礼仪规范约束的人，通常会被人们认为是比较"成熟的人"，符合社会处世规范要求的人。一个具有良好心理承受能力的人，当他在交际活动中遇到问题时，基本能够保持沉着稳定的心理状态，会根据相应的处世规则，采取比较合理的行为方式，积极主动地应对，从而化险为夷。

反之，如果一个缺乏良好心理承受力，也不太了解礼仪规范的人，在为人处世，尤其是参加一些重大活动之前，总是会表现出坐立不安、惊慌恐惧等焦虑状况。有人甚至会出现心跳加速、手足无措、语音声调变异等现象。这些状况的出现，其实就是因为他们对相应的礼仪规范不太了解，不知道该怎么做，对自己的表现也不够自信，害怕被别人批评和嘲笑。

职场礼仪不仅可以提升个人心理承受力和自信心，满足个人从容地走向社会的需要，还可以培养个人尽快适应生活和工作的能力，以满足职场需要。

（2）职场礼仪可以提高个人的人文素质。

职场礼仪可以作用于人的情感状态，甚至可以影响和改变人的价值观、人生观、个性等，最终教人学会如何与他人相处，成为一个文明和有修养的人。

职场礼仪也融合了中华民族的文化教育和道德教育。无论你是在办公室，还是身处其他公务场合，职场礼仪都可以直接地教会你如何与人文明共处，从而体现出良好的自我素质和修养。

2. 对职场的作用

（1）职场礼仪的践行是一个单位树立良好社会形象，得到社会大众认可和支持的关键。

礼仪是帮助团体或个体对社会产生影响力的有效资源。每个个体都是所在团体的形象代言人，员工的职场形象可直接影响到团体的形象。

（2）职场礼仪是现代职场的"国际通用语言"。

在现代职场中，人们的关系错综复杂，有时会因为一点日常琐事就产生矛盾冲突，甚至会采取一些极端行为，严重影响同事之间的友好关系。而职场礼仪有助于冲突各方保持冷静，缓解矛盾的激化。如果每个职场人士都能够自觉地遵守礼仪规范，按照礼仪规范来约束自己，遵循以礼服人、以礼待人,就可以使人际感情得以有效沟通和交流,建立起相互尊重、相互理解、彼此信任、友好合作的工作关系,进而有利于集体事业的发展。

同时,职场礼仪也能帮助个人在职场获得更多人的信赖和尊重,进而获得更大的成长空间。

3.对社会的作用

(1)职场礼仪有利于强化社会大众的文明行为,提高人们的文明素养,促进社会文明程度的提升。

讲文明、讲礼貌是个人文明程度的具体体现。对于职场人士来说,普及和应用职场礼仪不仅是自身发展的需要,也是加强社会主义精神文明建设的必然要求。

通过职场礼仪教育,人们能够明白言谈、举止、仪表等都能反映出一个人的道德修养、文明程度和精神面貌。同时,个人的文明程度不仅关系到自己的形象,也反映出整个社会的文明程度。

(2)在当今国际化的背景下,国内外职场人士交流日益频繁。良好的职场礼仪更能促进国内外文化交流以及员工素养的提升,营造良好的文化氛围。

总之,职场礼仪是一个集体的形象、文化、员工修养和素质的综合体现,只有遵守应有的礼仪规范,才能将一个集体的整体形象塑造、文化内涵表达提升到更高的层次。

 温馨提示

深刻理解职场礼仪的作用,从而更好地促进社会文明程度的提升!

二、职场礼仪的基本原则

了解、掌握并恰当地应用职场礼仪有助于完善和维护职场人士的职场形象,使职场人士在工作中的所作所为合乎职场要求,从而为事业的发展打下坚实的基础。一个成功的职场人士,不仅要勤奋工作,还要在工作中有一定的职场相处艺术,发挥职场礼仪的作用。

那么,怎样才能发挥职场礼仪应有的作用,建立融洽的人际关系,帮助我们在职场中取得更大的成绩呢?这就与遵守礼仪的基本原则密切相关。

下面我们来看一个真实的案例。

【案例分享】

王鸣是大学刚毕业就应聘进入一家公司的职场新人。进公司的第一天，部门经理带他和同事们认识，并指定同事刘伟当王鸣的师傅带他熟悉业务。刘伟满口答应。

经理一走，刘伟便用傲慢的口吻询问了王鸣的一些基本情况。当问到王鸣平时的爱好时，王鸣说喜欢看一些与专业相关的书，也会去看看电影。刘伟一听说道："那些多没阳刚之气，打篮球才好呢!"王鸣性格比较内向，又加上刚出校门，在人际交往方面欠缺经验，所以紧张得不知该如何回应。

刘伟又说："紧张什么? 话这么少，以后怎么跟客户沟通，真是的!"说完，便对王鸣不理不睬，只顾埋头写计划书了，让尴尬的王鸣站在原地手足无措……

 专家解读

上例中，刘伟在与新同事王鸣的交流中，有很多地方做得不妥。一方面，说话口吻傲慢，对同事不够尊重;另一方面，对同事的爱好不认同，对同事的紧张又不宽容和体谅。这些行为都违反了职场礼仪的基本原则，有失职场风范。那么职场礼仪中应该遵守哪些基本原则呢?

要点综述

1. 认同原则

德国哲学家莱布尼茨说过，世上没有两片完全相同的树叶。这一观点强调了独特性在自然界的普遍存在，同时也被用来强调人类社会中每个人的独特性，即使是同卵双胞胎，也会有某些方面的不同。而人际交往只有在达成共识、互相认同的前提下才可能收到良好的效果。

遵守认同原则，在人际交往中首先要做到积极寻找双方的共同点，并将这种共同点作为人际交往的基础。

在任何人身上，只要我们认真观察，总会找到共同点。在职场交往的过程中，发现他人的优点并予以认同，抑或寻找共同点，可以促进建立良好人际关系和提高工作效率。

另外，不要用自己的价值观评价他人、评价社会，要懂得求同存异，学会理解和适应他人，避免带来不良的后果。

2. 适度原则

在职场交往中要掌握好适度的原则,即把握好分寸。如果过于热情,会让人难以接受;过于矜持,又会让人敬而远之。职场中不论做什么事,不论大事还是小事,都要适度,才能使人际关系良好和谐。比如,赞美一位四十岁左右的女同事很有风韵,对方可能会感到愉悦;但如果用同样的方法去赞美一位女上司,就应该慎重考虑,以免让上司不悦。再如,职场女性在工作场合宜化职业妆,但如果浓妆艳抹,就不免与职场环境格格不入了。相反,如果参加晚宴或大型娱乐活动,不化妆或者妆太淡则很难与场合协调。

又比如,即便我们和领导关系很好,但在公共场合也不能忘记维护领导的形象,不宜过分亲近,还是要恭敬相处,上下有别。

掌握适度原则,是寻找职场交往中最佳契合点的过程。要合乎交往规范,讲究交往技巧,避免言谈举止过分或不到位,这样才能给对方带来良好的感受,也符合礼仪规范。

3. 真诚原则

做真诚的人,就是在与人交往中,始终表里如一,以诚待人,言出必行。不要说的时候信口开河、天花乱坠;做的时候却一塌糊涂,要始终对自己和他人负责。

心理学实验发现,人们都比较喜欢坦诚的人。在人际关系中,一个人可以适当保留个人隐私,但也要学会自我坦诚。这不仅是人际沟通的基本原则,也是对他人表示信任的一种信号。一个自我封闭的人,往往很难与他人建立良好的人际关系。

4. 宽厚原则

宽厚待人是一种美德,是一种思想修养,也是人生的真谛。你能容人,别人才能容你,这是生活的辩证法则,职场中同样如此。

在无原则的是非面前,如果矛盾的双方互不相让,缺乏宽厚的胸怀,结果只能是互相伤害,于人于己都不利。

5. 体谅原则

孔子说"宽则得众",宽容、体谅是为人处世的较高境界。在职场中,要做到体谅他人。

那么如何才能做到体谅呢? 在实际交往过程中应该注意哪些方面呢?

首先,要善解人意,理解别人。在工作中应该设身处地为他人着想,对待和处理一些事情,即使交往对象有些一时听不进耳、看不顺眼的生活细节,也不必纠缠不放,要换位思考,多多体谅对方。

6. 平等原则

研究表明:人都有被友爱和受人尊敬的需求,都希望得到他人的平等对待。要尊重对方的人格,这是平等的前提。只有在平等的姿态下,给予他人以充分的尊敬,才能够在职场中形成人与人之间的心理相融,产生愉悦和满足的心境,进而形成和谐长久的人际关系。

尊重他人人格和相互平等是密切相关的。要践行这一礼仪原则,首先应该建立人人平等的观念,只有在平等的基础上,我们才能真正做到相互尊重。然后要尊重对方的人格、爱好和习惯,不应该嘲弄、取笑和侮辱对方,特别是对于那些生理上有缺陷、本就自卑的人,更不应该戏弄或侮辱他们。

 温馨提示

严格遵循职场礼仪的基本原则,是做好职场交往的重要前提!

第三节 职场礼仪的心理素养

一、建立组织认同感和职业认同感

在我们的成长过程中,常听到"干一行,爱一行""爱岗敬业"这样的话语。在职场,建立良好的组织认同感和职业认同感,对职场人士的个人发展和组织发展都有不可估量的作用,甚至会影响到个人职业生涯。

一个人在职场,就应该尊重自己所在的组织,尊重自己所从事的职业。建立良好的组织认同感和职业认同感,这也是职场人士提高职业素养必须具备的条件。

下边我们来看一个案例。

 【案例分享】

前几年,曾经有一档求职类电视节目。其中一期有一位大学毕业生前来求职。求职者上来就信心满满地做自我介绍:"我叫×××,现在是在择业中。我毕业刚刚一年,在这一年里,我换过 13 个工作单位,每个单位工作时间最多不超过一个月。"

正在这位求职者还略带几分骄傲地介绍时,现场所有的嘉宾不约而同地灭掉了面前的灯,求职者一脸茫然地站在那里,场面十分尴尬,最后他也只能败兴而归。

专家解读

以上案例中的求职者之所以被所有的嘉宾灭掉了灯,就是因为他没有对一个单位建立组织认同感,也没有对他所从事的那份职业有职业认同感。如果一个人没有了组织认同感和职业认同感,自然不会在单位有所建树,当然也得不到单位的重视,其结果不是自己主动离职,就是被用人单位淘汰。

那么,在职场中,如何建立良好的组织认同感和职业认同感呢? 它又有哪些基本要素呢?

要点综述

首先,我们来了解一下什么是职业认同感和组织认同感?

1. 职业认同感

职业认同感是一个心理学的概念,是指个体对所从事职业的目标、社会价值及其他因素的看法,与社会对该职业的评价及期望的一致。

职业认同感对员工的忠诚度、向上力、成就感和事业心有着重要影响。

职业认同感一般是人们在长期从事某种职业活动的过程中,对该职业活动的性质、内容、价值及个人意义,甚至是对职业用语、工作方法、职业习惯和职业环境等都全面认可的情况下形成的。

职业认同感是人们努力做好本职工作,进一步达成组织目标的心理基础。随着人们对职业的发展及对职业研究的不断深入,职业认同的概念也越来越呈现出社会化、多元化、人性化的趋势,而不再仅仅局限于心理层面。

职业认同感不仅是人们心理健康的重要因素,更是人们保持积极心理状态的重要保障。有调查发现,职业认同感对生命意义有显著的预测作用。这说明职业认同感与个体的生命意义关系非常密切,是获得生命意义的重要途径。因此,人们可以从多个方面提升职业认同感,以增进自身生命意义,维护心理健康。另外,还有调查发现,职业认同感与个体的自我肯定呈显著正相关,高职业认同感和较好的职业满意度,对个体生活总体满意度的提升有着非常积极的作用。

2. 组织认同感

组织认同感是指组织成员在行为和观念等方面与其所属的组织保持一致性,认为自己在组织中既有理性的契约感和责任感,同时也有非理性的归属感和依赖感,以及在这种心理的基础上表现出对组织活动尽心尽力的行为结果。

组织认同感一般划分为四个等级。

① 对企业的价值观和企业文化认同度低,无法获得内心的共鸣;使命感不强烈,只关注自己的个人得失,并不在意企业未来的发展。

② 较认同企业的价值观和企业文化,一般能获得共鸣;工作中有较好的自主性,也有主人翁意识,对企业的未来比较有信心;能够较好地融入团队;有较强的使命感。

③ 对企业的价值观和企业文化有着高度的认同感,为自己身为企业的一员而感到自豪;对待组织和工作有主人翁精神;对企业的未来充满信心;能迅速融入团队,并能快速展开工作;组织荣誉感强,能积极地参加企业的各种活动,争取荣誉;有非常强烈的使命感。

④ 对企业有非常强烈的归属感与使命感,是企业价值观与企业文化的倡导者;对组织有着强烈的感情,团队间配合非常默契。

大家可以对照一下自己属于哪个等级,并努力向更高等级提升,这样,在职场不仅对组织有认同感,还能提升自己的职业幸福感。

事实上,每个行业都是在为人类提供服务,因此职业本不应分高低贵贱。然而,我们也必须承认,大部分人从事的工作并不是十全十美的,总会有这样或那样的不如意之处。工作已经很辛苦了,想要坚持下去,就要建立职业认同感和组织认同感,踏踏实实工作,让自己的职场生涯更幸福。

 温馨提示

建立职场人士的职业认同感和组织认同感,让工作更有成效。

二、施礼者与受礼者的心理认知

在社交场合中,礼仪行为通常是双方的,当你向对方施礼时,受礼者也会相应地还礼于你。因此,如何恰当地运用好礼仪规范,发挥其应有的作用,创造最佳的人际关系状态,这与施礼者和受礼者双方的心理密切相关。

因此,想要在职场交往中建立牢固的情感基础,保持良好的人际关系,建立和谐的职场氛围,就应该了解施礼者和受礼者的心理。这也是职场礼仪的心理基础。

 【案例分享】

小林是某大型企业公关部经理助理。刚来公司不久,他就发现经理有一种本领,那就是在各种商务交往中,不论面对的是普通职员还是高层领导,不论是接待政府要员还是外籍贵宾,他都知道如何同对方沟通。而且每次交谈都能使对方精神舒畅、如沐春风,从而促成合作。

于是小林就很好奇,并虚心向经理求教:"您是怎样做到跟不同身份和性格的人都能说到一块儿,而且还相谈甚欢,您的秘诀是什么呢?"

经理告诉他:"我在接待客人之前,都会认真了解客人的相关信息,准备和客人特点与身份相关的资料,力求找到交谈者最感兴趣的话题,这样既是对客人的重视和尊重,也是对我们接待工作的负责。"

小林将经理的方法学以致用,在工作上得到了很大的提升。

 专家解读

上例中,经理在职场交际中,作为施礼者,充分掌握了职场礼仪的心理基础,知道应该怎样引起受礼者的交谈兴趣,从而建立良好的人际关系,促成合作。那么,职场礼仪的心理基础包括哪些呢?

要点综述

1. 施礼者的心理分析

礼仪认知是施礼者一切礼仪活动的起点和心理基础,是实现礼仪活动目标的首要步骤。在整个礼仪活动中,认知对象具有举足轻重的地位。

1) 礼仪认知的类型

① 施礼者对自然界的认知,是指施礼者探索自然界的心理过程,它体现

了施礼者为了生存而努力追求的物质需要。

② 施礼者对社会关系的认知,是指施礼者对社会生活中的各种现象和关系的推测、判断的心理过程。这种认知实质上就是对人以及人与人之间的关系的认知,是礼仪活动最复杂、最本质的认知。

③ 施礼者对本身的认知,是指借助各种思维科学,如心理学、逻辑学、哲学等,来研究施礼者本身的认知活动规律,确立认知过程、认知方法以及认知正确性的检验标准,形成一个新的认知领域。

2) 礼仪认知的意义

① 礼仪认知是施礼者评价对象的前提和基础。

② 礼仪认知有利于施礼者了解受礼者,从而调整和改变自己的态度,保持人际关系的协调一致。

③ 适用于角色期待的需要。

2. 受礼者的心理分析

受礼者是礼仪活动的对象角色,礼仪活动的成功与否主要取决于受礼者是否接受施礼者所传播的信息。

1) 受礼者的学习

① 获得信息。受礼者的许多学习主要是为了获得信息。只要随时留意相关信息,培养学习礼仪的兴趣,就会获得更丰富的知识。

② 满足偏爱。偏爱也是通过学习形成的。受礼者对自己喜爱的礼仪活动往往很熟悉,谈起来如数家珍。受礼者对某一礼仪活动一旦产生偏爱后,往往会不自觉地反复捕捉有关的新信息,并主动积极参与。

③ 养成习惯。受礼者通过学习会养成知觉、思维和行动的礼仪习惯。在习惯的作用下,受礼者往往会顺应性学习。

2) 受礼者的知觉选择与自我印象

受礼者的知觉选择是指受礼者对礼仪活动信息的接收不是来者不拒、兼收并蓄的,而是有所取舍和选择的。它表现在:对礼仪活动认识的选择,重视程度、保留记忆和进行记忆的选择。

受礼者的自我印象是指受礼者都力求保持自己的正面印象,改善正面影响。他们通过语言、行为、情感等方式向别人展示自己的正面印象。而礼仪活动是人们表达自我印象的一个重要途径。换句话说,受礼者的许多礼仪行为都是出自表达自己正面印象的需要。

3．心理过程在礼仪活动中的运用

1）引起受礼者的注意

① 创设安静舒适的环境。精神放松和情绪稳定是集中注意的基础条件。

② 讲究适当的时间和地点，避免干扰受礼者的注意力。

③ 选择有刺激性的信息，如睹物思情等，引起受礼者的注意。

2）激发受礼者的情感

① 托物寄情。在礼仪活动中，施礼者要善于抓住事物特征和自己情感的共鸣点，将情感倾注于对事物的讲述之中，并将自己的认知、感受和情感传递给受礼者，使之不仅能如见其物，同时也能感同身受。

② 借景生情。施礼者往往要根据场景、环境等因素进行即兴发挥。施礼者要善于观察现场的情景，激发灵感，巧妙地将主观情意融入特有的景物之中，使之山水有情，草木含情，情景交融。

③ 因事达情。在礼仪活动中，施礼者可以通过讲述某些相关的故事与经历来传达情感，讲述不一定要完整详尽，但要加上强烈的情感色彩，以感染受礼者，从而激发受礼者的情感。

3）提高受礼者的兴趣

① 情感要真诚。施礼者的真诚是受礼者保持稳定兴趣的关键，也是激发其产生长久兴趣的基本条件。

② 内容要新颖。施礼者要深入生活，掌握时代跳动的脉搏，收集新鲜有趣的信息，以引起受礼者的兴趣。

③ 形式要活泼。要提高受礼者的兴趣，礼仪活动的形式就要活泼。其中包含两层意思：一为多样；二为生动。

 温馨提示

充分掌握职业礼仪的心理基础，才能更好地与人交往！

三、积极心态对职场发展的影响

一提起心态，很多人都觉得这是个看不见摸不着，非常抽象的东西。好的心理状态具体包括哪些方面呢？对我们的职场又有什么样的影响呢？

【案例分享】

李华是一名初入职场的年轻人,面对繁重的任务和陌生的环境,他始终保持积极的心态。每当遇到困难时,他从不退缩,而是主动寻找解决问题的方法。他的积极态度不仅赢得了同事的尊重,也得到了上级的认可。在一个重要的项目中,李华主动承担了关键任务,凭借他的积极努力和团队的协作,项目取得了圆满成功。李华因此获得了晋升的机会,他的职业生涯也由此开启了新的篇章。

专家解读

积极心态在职场发展中具有不可忽视的重要性。首先,积极心态能够激发个人潜能,让人在面对挑战时更加勇敢和坚定。其次,积极心态有助于建立良好的人际关系,增强团队的凝聚力和协作能力。最后,积极心态还能够提升个人的职业竞争力,让人在职业道路上更加顺畅。

在这个案例中,李华正是凭借积极的心态,成功地克服了职场中的困难,赢得了同事和上级的认可,最终实现了职业生涯的晋升。这充分说明了积极心态对职场发展的积极影响。因此,我们应该在职场中保持积极的心态,勇于面对挑战,不断提升自己的能力和素质,为自己的职业发展创造更多的机会。

要点综述

① 在职场中要练就自尊的心态,才能赢得别人的尊重。

② 要自觉培养自律的心态,方可赢得别人的信任。

③ 要养成宽容别人的心态,包容他人,以理服人,以礼待人。

④ 要学会对组织忠诚与感恩,对他人真诚与感恩。

⑤ 坚持谦虚与合作并进,积极与进取相连的原则。

⑥ 建立自信,培育良好心情。自信是成功的前提,也是快乐的秘诀。唯有自信,当遇到困难与挫折时才能保持乐观,从而想办法战胜困难与挫折。

⑦ 生活中无论做什么事情,好的心态非常重要。心态好,说明你热情高涨。你就有了工作的积极性和主动性,就会做好这项工作。

⑧ 积极的工作态度可对团队其他成员起到带动和引领的作用。同样,不良态度或消极情绪也会影响到整个团队的工作气氛。

温馨提示

塑造职场积极心理状态,使工作、生活更快乐!

四、职场人士调整心态的策略与方法

很多人都明白,不是工作需要我们,而是我们大部分人都需要工作。而我们对工作的态度也决定了我们对职场的态度,我们在工作中的表现决定了我们在职场中的表现,我们在工作中的成就决定了我们在职场的成就。所以,如果我们不想拿自己的职场成败开玩笑,那就应该以积极的心态面对工作。

 【案例分享】

周周从国外学成后回国,来到一家大型企业,跟他同时来的还有十几位名牌大学的毕业生。虽然他们不是海归就是名校毕业,但是他们几乎都没有实践经验。由于那段时间工作繁忙,单位也没有对他们进行技术培训,就直接把他们安排到基层单位担任管理人员。

由于他们不太懂生产管理,又不太熟悉技术流程,所学的专业知识和实际操作相差很远,在管理上明显感到力不从心,加上有些工人瞧不起他们,认为他们是外行,所以在工作中总会出现偷工减料、产品质量不过关等问题,这让这些刚参加工作的年轻人感到非常头疼。

在反复思考后,周周主动向领导提出:到车间去,直接和工人们一起干活。和他同时进入企业的十几名大学生感到非常惊讶,同时对他也有了明显的不满,认为他在逞能。

周周对这些议论没有理睬,安心到车间和工人们一起踏踏实实地工作。

通过实践和钻研,周周终于弄明白了车间的工作流程和技术难点,同时也和工人们打成了一片。一年多后,周周成功被推荐为部门副经理。

专家解读

从上例我们可以看出,周周虽然是刚刚走出校门的学生,但是他有一种积极的心态,面对企业管理中的不足,他能够积极找到方法去解决,在经过艰苦的磨炼后,终于得到了企业和员工的认可。

那么,在职场中有哪些方法和策略能让自己的心态变得积极呢?

要点综述

1. 情绪专注法

可以专注于某个领域的工作并积极寻找突破口。

当一个人非常专注某一件事时,他就可能会在这方面取得成绩,这也是人们常说的"心在哪里,结果就在哪里"。当他取得了一定的成绩,自然会得到别人的赞扬和尊重,自己的心情也会愉悦。因此,选择一两个喜欢的专业方向吧,这会让自己更有成就感。

2. 积极应对法

当面对职场压力时,应采取积极的心态去应对。俗话说得好,"兵来将往,水来土掩"。积极应对的方法,能够有效缓解压力,让自己有一个好的心理状态和精神面貌。

可以每天、每月、每年都为自己制定一个切合实际的工作目标或规划,然后朝着这个既定的目标奋进。如果有这样积极应对工作的心态,工作就变得主动很多,而且成效也会比较显著,压力自然就会变小。

3. 提前行动法

在职场中,你若想取得更大的成就,就必须先他人一步,提前行动。利用这段提前的时间,可以把准备工作做得更加充分和细致,做到心中有数,工作才能干得更出色。

4. 自我暗示法

坚持心理上积极的自我暗示,是缓解压力、获得成功非常重要的方法。心理暗示是人的自我意识中有意识和潜意识之间的一种较量。职场人士可以通过持久的积极暗示来调整心态。

要经常提醒自己:我能!我可以!不断给自己加油打气,以激励自己。

通过心理暗示的方法,可以把树立成功心理、发展积极心态的目标,真正变成可以具体操作的方式和手段。

5. 目标设定法

美国心理学家洛克(E. A. Locke)提出的"目标设置理论"(Goal Setting Theory)认为,目标本身是具有激励作用的,它能够把一个人的需求转变为动机,从而使人们朝着既定的方向努力,并将自己的行为结果与既定的目标相对照,进而及时进行调整和修正,最终实现自己的目标。

目标是个人行动的指引,是引起行为最直接的动机。设置合适的目标将会对人产生强烈的激励作用。因此,重视并尽可能设置合适的目标,对于激发个人行为动机至关重要。

6. 忘我疗愈法

生活中关心自己、看重自己本无可厚非,但任何事情都要讲究度。如果我们太看重自己,只会让人觉得你刚愎自用。所以,适当的忘我,可以让我们的心灵变得更加积极阳光。适当的忘我,可以让我们在困难面前打消顾虑,也可以让我们释放各种心理压力,使工作和生活变得更加轻松,提升幸福指数。

7. 危机转换法

在职场中,面对失败和挫折,如果你能吸取教训、积累经验,并采取积极有效的态度和方法加以应对,很可能会摆脱危机,并将危机转化为难得的成功契机。如果你害怕危机,一味地躲避困难和失败,那么你就可能被困难击垮,而这场危机也就可能变成了自己的厄运。

8. 兴趣转移法

除以上几种方法外,还可以用运动、读书、玩乐器、听音乐、逛街、聚会、聊天等方式来调整自己,让心态处于良好的状态。

人生快乐是一天,不快乐也是一天,快不快乐我们自己来选择。您选什么呢?

 温馨提示

调适职场心理状态,积极面对职场困难!

第二章

职场人士的仪容仪表礼仪

第一节　职场人士的发型选择

一、职场女性的发型选择

良好的仪容不仅是对自己的尊重,也是对别人的尊重。职场女性的仪容总的要求是美观、大方、整洁、卫生、修饰得体。

女士仪容重在"雅",这个"雅"表现在哪里呢?从头开始,就是头发。发型,是一个人仪容的重要组成部分,它表现了人的精神风貌。

 【案例分享】

亚男是我的一个学生,在校时她总是喜欢一身中性打扮,尤其是配上寸头,更让人无法将她和"女孩子"这几个字联系起来,因此闹出了不少笑话。

同宿舍的莎莎经常和亚男一起去散步,手挽手,肩并肩。起初也没什么大碍,但不久后的一天,莎莎的男朋友来学校看她,远远看到莎莎和一位"帅哥"手挽手,肩并肩,二话没说冲上去就一顿拳打脚踢,还没来得及等莎莎解释,亚男已经被打趴在地上了。

沉痛的教训和老师同学的多次提醒并没有让亚男得到改变,是步入职场后的一次教训,让亚男"痛改前非"。

一次亚男去某单位办事,由于距离较远,刚到人家单位还没来得及去办事就先进了洗手间。当她正在洗手间对镜梳妆时,一位女士来上厕所,一声"啊! 有流氓!"的尖叫响彻了整个走廊,那位女士惊慌失措地跑了出去。正在亚男四处张望,嘴里还念叨着"哪里有流氓"时,走廊里已经冲出来好几个男男女女用惊诧的眼神看着她。还没等亚男弄明白怎么回事,闻讯赶来的保安就迅速将她押了出去。在保卫处办公室,亚男浑身长嘴也解释不清,就连身份证也让别人怀疑是不是假的,她只好拨通了单位的电话。在单位领导的一再解释下,保安才将信将疑地将她放了。

专家解读

这个案例告诉我们,仪容对于职场女性是多么重要,尤其是发型。选择符合自己性别、身份和工作场合的发型,能让我们更得体地与人交流和顺利完成工作任务,否则就会像案例中的亚男一样,带来不必要的尴尬和麻烦。

要点综述

不同的发型,会塑造出不同的职业形象。例如,对于从事艺术类职业的人士,可以选择各种标新立异的发型,以突出其个性特征,大家对此也不会觉得奇怪。而职场中其他职业的人士,则建议选择职场大众能够普遍接受的发型,并在此基础上依据个人特性进行微调。这样既可以让发型有效地修饰面部,为自己的形象添彩增色,也能达到职场的要求,有助于在职场中找准自身的定位。

1. 职场女性发型分类

职场女性的发型可以分为短发、长发和盘发三大类。职场人士的发型选择要与自己的职业、职位、年龄、脸型、身高、体型等因素相结合,这样才能找到适合自己的发型。

(1)短发。短发的标准一般不超过肩膀。短的直发、烫发均可,对称或不对称都行。其特点是精神、干练。建议女性领导者尽量留短发,但不建议职场女性留寸头,否则也可能会遇到上述案例中"亚男的尴尬",或容易被误解。

(2)长发,即披肩发。职场女性可以留长发,尤其是年轻女性。在正式场合,如参加大型会议或接待来宾时,可以扎成马尾或者挽起来。如果有很多碎发,要用发卡固定好。服务行业的员工、领导者,或身高不太理想的、体型较胖、脸盘较大、年纪长的女性,尽量少留长发,因为头发披下来后,可能会显得不够干练精神,并会放大自己的缺点(图2-1)。

（3）盘发。留长发的职场女性，在重大场合应将头发盘起来，这能展现出更加职业的形象。头发盘起来还能使人显得修长高挑，更有气质（图2-2）。

建议职场女性不要留太时尚的发型，因为职业场合代表的不仅仅是个人的形象，也代表单位的形象，因此，树立一个庄重的形象更为合适。

图　2-1   图　2-2

2. 女士脸型与发型的关系

判断一款发型好不好看，不能只以自己的喜好和发型的流行度作为标准。脸型与发型的关系有着非常密切的关系，不同的脸型只有选择适合的发型，才能展现出最佳的效果。那么，如何根据脸型来选择合适的发型呢？首先，我们需要了解一下脸型与发型之间的关系。

（1）圆脸。圆脸的特征是脸圆而较宽。圆脸的人最好选择头部比较高的发型，刘海选择侧刘海，对面部可以半遮半掩，这样会显得脸稍微修长一点。

（2）长脸。长脸的女性，可以选择带有刘海的发型。参差不齐的刘海与中长发结合，可以将长脸秒变瓜子脸。

（3）方脸。方脸的特征一般是前额较宽，腮部呈方形。这样的脸型看起来缺乏柔和感，显得亲和力弱一些。所以在发型设计上，建议尝试小中分的发型，搭配长度及肩的短发，发尾要有层次且稍稍内翻，形成自然的裹脸效果。在刘海设计上，建议选择斜式有层次的刘海，这样能够掩盖脸型的不足。

（4）鹅蛋脸。鹅蛋脸即我们常说的椭圆脸。这种脸型比例匀称，几乎可以驾驭所有的发型。找到自己脸上的亮点，然后用发型突出它即可。

（5）菱形脸。菱形脸的特征是上部较窄，中间宽，下部又较窄。颧骨突出的菱形脸与中分的A字形梨花头发型非常搭配。厚重感的发尾收缩了颧骨的同时，也为整款发型增添了时尚美感。此外，纯黑的发色可彰显女生乖巧甜美的个性。

（6）心形脸。心形脸的特征为额头宽，下巴窄。在设计发型时，应侧重缩小额宽，并增加脸下部的宽度。因此选择中分发型较为适合。用一条中缝将头发左右划分，正对两眉、鼻头、双唇、下巴的中心点，这样容易将人们的视线引到脸的中部，以加长脸型，使得两颊轮廓更为精致可人。再搭配微卷的中长发型和斜刘海，可以掩饰较为宽阔的额头，修颜效果较好。

除了要注意发型的选择外，在发型的整理方面，我们还应该注意一些细节。例如，职业女性在烫发后，每次洗完头发后需要打理一下，喷点啫喱等稍微定型，避免头发凌乱，影响精神面貌。

 温馨提示

优雅，从"头"开始，让我们树立一个美观、整洁、得体的形象！

二、职场男性的发型选择

男士与女士不同，不需要过多的妆容修饰，所以整个人的仪容和精神面貌重点就落在了发型的选择上。职场男性的仪容要求是美观、大方、整洁、卫生、修饰得体。

 【案例分享】

小李研究生毕业后准备报考公务员。虽然他平时在个人习惯上有点大大咧咧，不拘小节，但脑子很好用。在考前他做了充分的准备，笔试取得了第三名的好成绩。之后他参加了面试培训班，感受并熟悉了面试氛围，体验了压力性的面试提问。他还请教了在职的公务人员，并请有公考成功经验的人士传授经验。考前大家很关心他的状态，他的回答是："状态很好，没有问题！"

面试结果出来后，他没有通过面试，原因何在呢？后来根据他对面试考题以及回答技巧的描述，他确实表现得不错。朋友们帮小李分析失败原因，大家把问题聚焦到他的仪容上。小李平时在个人生活习惯上有点不拘小节,也包括他在自己仪容的打理上,尤其是那头文艺青年似的中长发还带了点卷曲,给人不修边幅、颓废且随便的感觉。这使他在外形和精神状态上给考官留下不好的印象。公务人员代表的是政府乃至整个国家的形象,必须是健康、整洁、得体、亲切、值得民众信赖的。小李一个颓废青年的形象,怎么可能赢得面试官的好印象? 小李在这次重要的面试中因为发型和仪容而错失了机会。为什么这么确定是仪容的关系呢? 因为第二年,他再次参试,面试时特意把头发剪短,着装整洁正式,整个人看起来精神干练,最终考上了公务员。

专家解读

从上例可见,仪容对于职场人士是多么重要,尤其是发型。这充分印证了 55387 定律。55387 定律是指第一印象中,决定沟通效果的 55% 是视觉,38% 是听觉,而只有 7% 是内容。如果给一个人的第一印象以百分制来划分,最佳形象的分配原则是:55% 的外貌以及着装打扮,38% 的行为举止,剩下 7% 是谈话内容。掌握 55387 定律,无论是何种职业场合,都能为你加分。职场是个认真严谨的地方,对于职场中的你来说,选择一个合适的发型很有必要。

要点综述

1. 职场男性发型分类

普通职场,建议男性尽量留短发,前不覆额,侧不掩耳,后不触领。即男士的头发长度前边尽量不要盖住额头,侧旁的长度不要盖住耳朵,后边的长度不要触到衬衣的领子(图 2-3)。

那么,职场男士有哪几种短发样式可供参考呢?

(1)平头。特点是头部两侧和后部头发较短,从发际线向上轧剪。根据顶部头发长度,又有大平头、小平头之分。

(2)平圆头。特点是综合平头和圆头两者的特点而成,周围头发有层次感,顶部呈平圆形。

图　2-3

以上是两款干练精明的男士短发发型,短短的发丝,耳朵上方修剪得十分干净利落,让脸部轮廓更加立体清晰,展现出豪爽自信的男士气场,干练又精神。

(3)大背头。将额前的头发全部梳向后,头发稍长,很多领导人或职场里的精英男士比较喜欢这种发型,可以展现出庄重、自信、成熟和霸气的形象。适合有一定生活阅历,或年纪稍长的男士。

2. 男士脸型与发型的关系

(1)方脸。方脸,又称国字脸,视觉上脸盘较大,脸部轮廓也呈扁平感。这类脸型在选择发型时应避免过度蓬松或烫发,以免使脸显得更大。在梳理头发时也应该尽量避免中分,应以偏分为佳。

(2)圆脸。圆脸容易让人产生比较迟钝的感觉。这类脸型的人,在选择发型时应遵循轻快、简洁的原则。直短发且在前额剪出打薄的刘海,能让人看起来更专业。

(3)长脸。长脸会给人忧郁、老成的印象,所以在选择发型时,应考虑如何将脸型缩短,这样才会让你更加有活力与朝气。比较适合的发型是留长刘海,采用偏分法将刘海向两侧自然分开梳理,这样会让前额产生自然的大波浪,从而产生头型变短的效果,同时应尽量避免将头发两侧打薄。

(4)倒三角形脸。倒三角形脸的特征是上部较宽,下部较窄。这样的脸型会让人产生不易接近的感觉。在选择发型时,重点就是要设法打消这种不良印象。这种脸型的人应尽量避免留大背头,可以采用稍有刘海的发型,并将两侧头发打薄,这样就会削弱上半部脸过宽的印象。

 温馨提示

得体的职场形象,从"头"开始,让我们注意细节,展现出自己最好的一面吧!

第二节　职场人士的妆容修饰

一、职场女性的妆容修饰

化妆的作用是显优掩劣,就是突出自己的优点,并把缺点或者劣势掩盖起来。职场女性化妆的基本要求，主要是自然。

 【案例分享】

"90后"的小林是一家中外合资公司的员工，平时比较喜欢打扮，追求所谓的"时尚"和"个性"。上班时经常化浓妆，眉毛和口红都很夸张，有时还会来个烟熏妆。她化妆或补妆的时候，也不避人，坐在办公桌前就开始"打腻子"，造成一些好奇的同事围观，眼看着一个一个的痘痘就这么被掩盖了，同事们心想：原来"美女"就是这么练成的？更有很多同事看她不顺眼，但又不好当面说，只能在私下议论纷纷。

有一天，公司高层突击视察，恰好目睹了小林正在"打腻子"的场景，对小林留下了极差的印象。事后，小林被部门经理叫到办公室严厉训斥了一番，并被警告，如果以后再这样妆容不得体，不分场合地涂抹，将立马辞退。

 专家解读

以上案例可见，职场女性得体的妆容修饰和场合选择是何等重要。注重妆容不仅是自尊、自重、自爱的表现，也是对他人的尊重，有助于给别人留下良好的第一印象。职场女性的仪容仪表要与职场特点相适应，力求做到整洁美观、简约朴实、端庄干练、自然得体。

要点综述

1. 职场女性化妆的原则

1）让"三庭五眼"构建面部协调之美

"三庭五眼"是最完美的一种组合，"三庭"是指人脸的长度，从发际线到眉心，眉心到鼻尖，鼻尖到下巴，也叫"上庭""中庭""下庭"，这三块区域长度要相等；"五眼"是指人脸的最宽处，刚好是五个眼睛的长度。这种脸型就是比较标准的脸型。

2）让"四高三低"打造五官立体之美

"四高"，即额头高、鼻尖高、唇珠高、下巴尖高。

"三低"，就是两眼之间中间的鼻脊低，鼻尖到唇珠的地方低，唇珠到下巴尖也低，这样人就会显得更有立体感。

理想是理想，原则归原则。但是我们很多人的面部天生就没有达到"三庭五眼""四高三低",怎么办？这个时候,就需要用化妆来弥补。

化妆的目的是要把不协调的部位通过化妆品和光影改变,调整得相对柔和和协调。比如,上庭长的可以把头发稍微往下梳一点,或者留一点刘海;上庭短的可以把头发往高梳一点,这样就可以让"三庭"更加均匀,看起来会更协调。

2. 妆容修饰还应注重以下细节

1）面部清洁

（1）把脸上的油脂去掉,以免堵塞毛孔,引起痘痘之类的皮肤病。

（2）滋润皮肤。滋润霜、爽肤水不能落,保持皮肤水润。

（3）基础底色。根据肤色选择一款相近的底霜,不要太白,否则会和其他部位的肤色形成明显的反差,给人很不自然的感觉。底霜上完要用粉底修饰局部瑕疵。

2）眼部修饰

（1）眼睛偏小者。眼线尽量往两边延伸,眼影也可以画得宽一些,让眼睛看起来更大一些。

（2）太阳穴较扁者。可以把亮色的粉底往太阳穴上面涂抹一些,白亮一点的粉底会让太阳穴看起来更加饱满,可以掩盖太阳穴较扁的不足。

（3）两眼距近者。可以用眼影使眼睛看上去大一些,同时把自己的睫毛往前、往外刷一下。

（4）睫毛较短者。可以用睫毛膏进行修饰,但注意不要用太长的假睫毛,也不要刷得过于浓密,否则会让人轻易识破。

（5）眉毛修饰。可以用眉笔来延伸眉毛,但同样不能画得太浓密。

（6）涂抹口红。口红不要涂抹得太鲜艳,尽量和自己的服装或配饰中的红色系相同或相近。

（7）双手与脖颈也需美化。好多女士化妆都把精力集中在脸上,而忽略了手部和脖子这些裸露的部位。假如脸上的妆化得很好,但是脖子上全是褶皱,一伸手也全是皱纹,那样就会看起来非常不协调。

3. 几点重要的提示

（1）头发。之前我们已经谈过发型的打理,此处不再赘述,重点是头发要勤梳洗,不能造型怪异和染夸张的颜色。

（2）面部。一定要干净。不一定要化多浓的妆,但一定要把脸收拾干净,不能有污垢,眼部也不要有分泌物残留。

(3)手部。保持干净,指甲不能留太长,服务行业的女性尽量不超过2毫米,太长易藏污垢。尽量不染色,或只涂无色指甲油,如果指甲染得五颜六色,和别人握手或递接东西时,会让人感觉不舒服。

(4)香水不能太浓,作为职场人员应打扮得中性一点,如果太性感、鲜丽,会让人对你的身份产生一定的疑惑和错觉。

(5)异味。如果下午有工作,建议大家中午不要吃有异味的食物或者喝酒,否则会给你的人际交往对象带来一些不好的感觉。

(6)不要使用过期的或不合格的化妆品。

(7)不要借用别人的化妆品,以免交叉感染。建议在自己的包里面准备一个小化妆包,放几件自己常用的、简单的化妆品,如口红、眉笔、粉底等。

 温馨提示

让自然淡雅的妆容,为我们塑造一个美观、整洁、得体的职场女性形象!

二、职场男性的妆容修饰

女士妆容重在洁,男士的也一样。虽然男士不需要化妆,但脸部应该整理得干干净净,给人以清爽、整洁、干练之感。

 【案例分享】

沐沐就职于一家颇具规模的房地产公司。最近她手上正负责一个比较大的室内装饰的案子,需要从几家合作的装饰公司中选择一家合适的公司合作。她分别和这几家公司负责方案的设计师见面详谈。

其中一家公司的设计师令她印象深刻。平心而论,这位设计师给出的创意和设计稿都不错,如果面谈没问题,很有希望竞标成功。但当沐沐和这位设计师见面时,这位设计师给人的第一印象却大打折扣。设计师个头不高,头发凌乱,使他的个子显得更矮;面部皮肤不清洁,看起来邋遢颓废。握手时沐沐又看到对方小指指甲很长且脏。这让妆容得体的沐沐瞬间产生了一种不被重视的感觉,心里在嘀咕:洽谈公务时,至少应该保持基本的形象和对别人的尊重吧。所以,后面整个谈话过程都让沐沐感到很不舒服,自然也不顺利。最后,沐沐的公司没有选择与这位设计师合作。

此后,沐沐还得出了一个很调皮的结论:男人可以不帅,可以不高大,但至少应该把自己整理得清爽一点、精神一点! 这不仅是对自己的负责,也是对别人的尊重。

专家解读

通过这个案例我们可以看出,职场男性得体的妆容修饰是何等重要。注重妆容不仅是自尊、自重、自爱的表现,也是对他人的尊重,能给人留下良好的"第一印象"。职场男性的仪容仪表要与职业场合相适应,力求做到整洁干练、简约朴实、自然得体。

要点综述

1. 职场男士妆容的原则

（1）头发清洁。头发要勤洗。男士往往会稍微犯懒,几天不洗,这样容易造成头发灰暗没有光泽,看起来油乎乎的很不卫生。

（2）面部修饰。首要的是把脸清洗干净,注意眼角不要有污垢。其次去除一些杂乱的毛发,胡须要修饰。男士的鼻毛比女士丰富一些,往往长了露在外面,非常影响美观,看起来也不够优雅。那么,鼻毛多长需要修理呢?一般在平视时,或站在镜子前,看到鼻毛露出来的部分就要把它剪掉,如果没有露出来的,就不要把剪刀往鼻子里面伸,以免伤到自己。

（3）双手洁净。一定要记得保持双手干净,同时建议男士不要留长指甲。

（4）男士们在工作期间尽量不吃带异味的食物,尤其是蒜,自己吃了以后可能闻不到,但是别人能够很明显感受到。此外,男士喝酒一定要有度,不能够喝得稀里哗啦,醉得一塌糊涂,有失斯文。

 温馨提示

注重男士职场妆容修饰,做干净整洁的职场"男神"。

第三节　职场人士的服饰规范

一、职场女性的着装规范

引言导语：

俗话说："三分人才，七分打扮。"穿着佩戴是一门艺术，是构成仪表美的重要组成部分。虽说穿衣戴帽各有所好，但从中能反映出一个人的文化修养、格调品位和审美情趣。一个人如果讲究服饰礼仪，穿戴得体，就可能会赢得别人的喜爱和尊重。反之，如果一个人不修边幅，穿戴不伦不类，则会大大损害自身的公众形象。

【案例分享】

某大型国企招聘文员，待遇优厚，应聘者如云。某知名高校中文系毕业生小李前往面试，她的背景材料是最棒的：大学期间在各类刊物上发表作品2万多字，为多家大型国企策划过周年庆典，英语表达流利，书法也堪称佳作。长得五官端正，身材高挑。

面试时，考官请她进来。门开了，只见小李身穿迷你裙，上身着露脐装，涂着鲜红的唇膏，轻盈地走到面试官面前，不请自坐，随后跷起了二郎腿并不停地抖动着，笑眯眯地等着问话。几位考官交换了一下眼色，主考官说："李小姐，请回去等通知吧。""好！"小李开心地挎起小包飞奔而出……

小李自以为稳操胜券，见人就吹，但几个月过去了，小李还是没有等来录取通知书。

专家解读

从以上案例可以看出，职场女性得体的着装是何等重要，整洁、大方、美观的服饰有一种无形的魅力。选择与职业场合相符合的服装，会给人留下美好的"第一印象"，让自己在职场中处于优势地位，顺利完成工作。反之则会影响工作和自己的职场发展。

要点综述

1. 着装的 TPOR 原则

什么是 TPOR 原则？TPOR 原则是指人们在选择服装时，要考虑时间（time）、地点（place）、场合（occasion）和角色（role）四个因素，确保着装与这些因素相协调。

2. 职场女性的着装选择

（1）日常办公。日常办公时，职场女性的着装应舒适、专业且不失时尚感。可以选择简约大方的衬衫或连衣裙，搭配一双舒适的平底鞋或低跟鞋。花色上，可以选择素色或柔和的图案，避免过于花哨或夸张。

（2）正式场合。在正式场合，如商务晚宴、重要会议等，职场女性的着装应优雅、庄重。一套合身的西装套装或长裙是不错的选择，搭配一双精致的高跟鞋，能够展现出女性的气质和专业度。同时，配饰的选择也十分重要，可以选择简约的耳环、项链或手包来点缀整体造型。

（3）会议场合。会议场合的着装应偏向正式，但不必过于拘谨。职场女性可以选择一件剪裁合身的衬衫或针织衫，搭配一条简洁的裙子或西裤。鞋子方面，可以选择一双舒适的中跟鞋或平底鞋。整体造型应显得专业而自信，展现出对会议的重视和尊重。

（4）休闲场合。在休闲场合，职场女性的着装应以舒适、自然为主。可以选择牛仔裤、T 恤、运动装等休闲服饰，搭配一双平底鞋或运动鞋。在保持整洁的同时，可以展现出轻松自在的一面。同时，适当的配饰也能为整体造型增添亮点。

职场女性的着装应根据不同场合进行调整，既要符合场合要求，又要展现自己的个性和品位。

3. 掌握三色原则

着装的三色原则是指在正式场合中，衣物与配饰的色彩搭配应控制在三种以内，以确保整体着装的和谐与统一。穿着时，应选择相近色调或明确主色调，展现简约、干练、大方的风格。

 温馨提示

对于职场女性来讲，不建议大家穿得花里胡哨，端庄得体最重要！

二、职业男性的着装规范

对于男性也一样,穿着佩戴也是有学问的,也是构成仪表美的要素之一。男性们如果讲究服饰礼仪,穿戴得体,也会赢得别人的喜爱和尊重。反之,男性的形象也会大打折扣。

职场男性的着装选择

(1)日常办公。日常办公时,着装应舒适、整洁、得体。男性可选择质地优良的衬衫,搭配深色或中性色系的西裤或休闲裤,这样既不失专业性又显得轻松自在。鞋子方面,一双舒适的皮鞋或休闲鞋即可。

(2)正式场合。在正式场合,如商务晚宴、重要会议等,着装应更加正式、庄重。男性可选择深色系的西装套装,搭配质地考究的衬衫和领带,展现出严谨、专业的形象。皮鞋应以黑色或棕色为主,彰显成熟稳重的气质。

(3)会议场合。会议场合的着装应偏向正式,但不必过于拘谨。男性可选择深色或中性色系的西装外套,内搭衬衫,下穿西裤或休闲裤。鞋子方面,皮鞋或休闲皮鞋均可。整体着装应显得整洁、大方,展现出对会议的重视和尊重。

(4)休闲场合。在休闲场合,着装应以舒适、自然为主。男性可选择牛仔裤、T恤、运动装等休闲服饰,搭配休闲鞋或运动鞋。在保持整洁的同时,可以展现轻松自在的一面。

总之,职场男性的着装应根据不同场合进行调整,既要符合场合要求,又要展现自己的个性和品位。

三、职场女性的服装配饰规范

服装配饰,是指人们在着装的同时所选用、佩戴的装饰性物品。它对于人们的穿着打扮,尤其是对于服装而言,能起到烘托、陪衬、美化的作用。职场女性佩戴饰物既要考虑自己的职业特点、自身条件,要与自己的身份相符合,又要与时间、地点、场合相符合。我们来看看下面的案例。

【案例分享】

一次,笔者参加政府某部门的会谈,事关重大,早上五点多就起床,精心准备,而后丝袜还特意检查了一遍,完美。于是直奔会场,刚到会场,迎面走来的部门同事艺丹惊讶地说：“刘老师，您的丝袜怎么开了一个洞？”我低头一看，右腿丝袜在小腿肚的位置不仅开了一个洞，每走一步大有排山倒海决堤之势，这可怎么是好。应该是刚才乘车时惹的祸。回家已经来不及，所以，只好跑出去，在会场周边的马路上寻找。那时候还不到七点，所有超市和商店都还没开门。在找了六七家后，终于在一家小店里看到了我要的丝袜，一口气买了五双。当我来到会场的时候，嘉宾们也陆续到达。“丝袜事件”终于得以妥善解决。

专家解读

从以上案例我们可以看出，职场女性随身必备小配件是非常必要的。

很多女性夏天喜欢穿裙子，但觉得穿丝袜又有一点闷热。但在正式场合如果穿裙子建议大家一定要穿袜子，而且是长丝袜，不建议大家穿短袜。丝袜比较娇贵，如果参加正式活动，尽量要备一双丝袜在包里以防万一，避免出现意想不到的尴尬。

要点综述

1. 职场女性佩戴首饰需要注意的问题

（1）注意场合。一些高档饰品，尤其珠宝饰品，比较适合在社交场合佩戴，而不宜在工作、休闲时佩戴。职业场合不宜佩戴大耳环、脚链等佩饰。身着制服上班时不宜佩戴首饰。参加晚宴、舞会或喜庆活动应适当佩戴首饰。而在悲伤的场合应佩戴低调的首饰，如戒指、珍珠项链和素色饰品。

（2）注意协调。佩戴首饰种类不宜太多，数量以不超过三件为宜。在色彩和质量上应与服饰协调一致。数量恰当、搭配协调方可产生美感，也可以体现出良好的教养和高雅的品位，达到锦上添花的效果。另外还要注意首饰要同色同质，比如耳环是黄金，项链也尽量是黄金；耳钉是珍珠，项链也尽量是珍珠。

（3）注意品质。佩戴首饰时，若同时佩戴两件饰品，应尽量使其品质相匹配。

（4）注意搭配。佩戴首饰应尽量与服装协调，应把配饰视为服装整体的一部分，要兼顾服装的色彩、款式，使之相互呼应。例如，穿着考究的服装应佩戴华贵的首饰;穿着飘逸轻柔的服装,则应佩戴精巧玲珑的首饰;穿着厚重挺括的服装,则应佩戴浑厚大气的首饰;上服领口大的可选择长项链,领口小的则可选择短项链。

另外,在色彩的搭配上,一定要选择和自身的服装、肤色相匹配的配饰。职业场合不宜选用太扎眼的色彩。

2. 佩戴首饰时需要注意的细节

(1)饰品的季节选择。佩戴饰物时,应与季节相符合。金色、深色饰品适合于寒季佩戴;银色、艳色饰品适合于暖季佩戴。

(2)佩戴者的体形要求。在选择饰品时,应尽量考虑佩戴者自身的形体特点,使饰品的佩戴能起到扬长避短的作用。

① 颀长型。如果是体形修长,手指、臂腕也纤细修长的女士,胸部相对比较平坦。这类人群宜佩戴层叠式或富有图案结构的项链及大而雅致的胸针。这样会对平坦的胸部加以掩饰。手部的饰品则应以粗线条为主,如钻石、红蓝宝石、玉石等类别的戒指,这样会将手指衬托得格外娇美。

② 丰满型。这类体形一般颈部短粗,胸部比较大,手指、臂腕相对较粗,最好佩戴有拉长感的带坠项链,而坠物最好为水滴、钥匙等长形,长度一般在 60~70 毫米为宜,这样可以在视觉上产生纤细的感觉。也可佩戴一些异形花戒、宽而松的手镯。

③ 瘦小型。如果佩戴者体形瘦小,适合佩戴小型首饰,且不要过多,切记不要把项链、耳环、胸针、手链等饰物一齐佩戴,这会使人有不堪重负之感。项链应选择细款,最好不要配坠饰。

④ 高大健壮型。比较适宜佩戴中长项链,切记不要将一根短项链紧束颈上,这会让人有窒息感。也可以佩戴大而宽的镶宝石戒指、大型的耳环、比较粗的手镯等,以冲淡形体高壮的感觉,使之达到平衡。

同时在佩戴饰物时,还应遵守各地区、各民族的风俗习惯。不同的地区、不同的民族,佩戴饰品的习惯也不同。

例如,戒指的佩戴就很有讲究。按我国的习俗,订婚戒指应戴在左手的中指;结婚戒指应戴在左手的无名指;若是未婚则应戴在右手的中指或无名指。如果是一般花戒,只起到装饰的作用,可以戴在任何手指上。

3. 佩戴丝巾的注意事项

大部分女士都对丝巾情有独钟,甚至有人有三五十条丝巾都不觉得多。

整体来讲,丝巾是服装搭配的一部分,它是为服装及整体造型服务的。丝巾的色彩一定要和服装及配饰相呼应,质地上要和服装相匹配,风格上也要与服装相统一。

4. 鞋子穿搭的注意事项

（1）正式场合建议尽量穿船鞋,或者是比较正式的款式,简单、大方、稳重即可。

（2）鞋跟不宜太高太细。鞋跟太高太细走路容易崴脚。如果正式场合,鞋跟突然掉下来,后果更是严重。

（3）正式场合尽量不穿松糕鞋。松糕鞋底很厚,视觉上比较笨拙,与整体服装不太协调,且稳定性较差,容易摔倒或扭伤。

 温馨提示

女性在职场中的衣着配饰一定要简洁、大方、高雅,还要有备无患!

四、职场男性的服装配饰规范

佩戴适宜的饰品,对服装的整体美可以起到锦上添花的作用。男性可以结合职场着装的规范与原则,再根据自己从事的行业和环境来选择适当的服装配饰,这样做会让我们的职业形象变得更有品位。

 【案例分享】

阿伟是一家高档保健品公司的销售经理,有着十年销售经验的他,被同事和客户冠以"领带绅士"的称号。原来,在任何销售场合,阿伟总会戴一条色调雅致、图案精美且与服装很相配的领带。长此以往,阿伟成为销售团队中给客户印象最深的销售经理。

一天,阿伟在公司接待来访的客户,有位女客户要购买很多燕窝保健产品。签完协议后,客户与阿伟聊起天来。

客户："你这条领带很优雅,与你的气质特别配!"

阿伟："谢谢您的称赞!我有很多条领带,可以和我的每件职场款上衣搭配!"

客户："说真的,我光顾了好几家保健品公司,高级燕窝的品牌也看了很多，让我都挑花眼了。这次听到你的介绍，我总感觉很认可你的气质和品位，所以选择了你们家的产品。"

 专家解读

以上案例可见，服装的饰品既是一个人审美观的集中表现，也是文化素养的具体反映。职场中适当搭配一些配饰作点缀，会让一件看上去很普通的衣服顿时熠熠生辉。

下面我们就来讲讲，职场男士该如何正确搭配衣装配饰。

要点综述

1. 领带的搭配

作为男士的经典正装配饰，领带在职场着装中是不可忽视的部分。

一条领带往往可以影响人们对你身份、地位、修养、风格及经济能力的判断。领带对于职场男士来说如化妆对于女性一样重要。很多场合，任凭你穿上笔挺的西装、衬衫和高品质的皮鞋，如果没有搭配好适合的领带，那么，你的职场形象也会大打折扣。

（1）领带的穿戴请注意以下几点

① 领带的长度要适中：适当的领带长度为领带系好后，站立时，领带尖端恰好落在皮带扣范围内。当然，领带的长度也可依据身高及打领带的方法进行调节。

② 领带的品质和款式：建议大家一定要注意领带的品质感，选择款式简单、质地上乘的真丝领带可以提升服装和个人的品位。

③ 领带的颜色选择：领带的颜色尽量要和服装颜色协调，如果是花色领带，领带上的一种颜色要和西服或衬衣的颜色是一致或相近的，这样从视觉上看起来比较协调。

（2）不失手的四种搭配方法

① 素色西装＋素色衬衫＋素色领带。最常见的可以是深灰色西装搭上淡灰色衬衫并选用一条深灰色领带。

② 素色西装＋有图样的衬衫（如细格纹衬衫或直条纹衬衫）＋素色领带。

③ 铅笔条纹西装＋素色衬衫＋同西装色系或同衬衫色系的素色领带。

④ 素色西装＋素色衬衫＋有图样领带。

（3）比较容易失误的搭配法

① 全身所有的颜色都呈浅色调。例如，浅灰色西装＋浅蓝色衬衫＋淡蓝色领带。

② 把很多图案堆砌在一起。例如，方格衬衫＋条纹西装＋花色领带。

③ 着休闲衬衫（如目前流行的法兰绒格纹衬衫）搭正式西装。

④ 柔软的丝质衬衫却搭配羊毛西装外套。

⑤ 完全不管颜色协调性，服装搭配中出现色彩斑斓、多种抢眼的颜色。

2. 皮包的搭配与保养

无论从事什么样的职业，合适的包就是你的隐形名片。

对于职场男士来说，有质感的包是最基础的装备。比较考究的皮质包更能展示职场人士的严谨与专业，是律师、公务人员等文职人员常用的搭配。

1）皮包的搭配

① 包的颜色。应以经典的黑色或棕色为主，它们易与任何东西搭配。同时包的色彩要与服装相配。

② 包的大小。较胖体形的职场人士尽量不使用较小的包，它会让你看上去更加丰满。反之，较瘦体形的人也尽量不搭配过大的包。如果拿太大的包，总让人有一种比较累的感觉。注意皮包的款式也不要太复杂，简约大方就好。

③ 包的质感。建议选择一款质地上乘的真皮皮包，这对体现一个人的品位和修养非常重要，而且经久耐用。

2）皮包的保养

皮包应定期送到专业皮革保养中心进行彻底清洗，这不仅可以消毒，还能防止损坏和老化。

不用时，应将皮包挂起来，平放时要避免被压瘪起皱，影响皮包的美观造型。真皮皮包一定要在全面的专业清洗之后再妥善保存，这样可以延长皮包的使用寿命。还应注意保护皮包的所有金属配件和拉链，避免五金配件氧化。

3. 其他配饰

（1）皮带。皮带是男士的品位象征，要保持低调内敛。黑色、栗色或棕色的皮带配以钢质、金质或银质的皮带扣,既适合各种衣物和场合,又可以很好地表现职场男士的气质。不要轻易使用式样新奇的和配以巨大皮带扣的皮带。皮带长度应介于第一和第二的裤扣之间,宽度为3厘米左右。若皮带太窄,会失去男性的阳刚之气;太宽,则只适合于休闲、牛仔风格的装束。

(2)眼镜。职场上,如果是因为视力原因要佩戴眼镜,建议选择最简单的细框或无框眼镜。若无视力问题,则建议不要为了提升所谓的优雅、斯文形象而刻意佩戴。

(3)手表。建议选择品质上乘的腕表,款式不需要太夸张炫目,既体现品位又不失稳重。在正式场合最好不要佩戴太廉价的手表。

(4)鞋袜。正式场合要穿系带皮鞋,鞋子和袜子的颜色也尽量选择深色系,尽量避免穿白色袜子。

> **温馨提示**
>
> 配饰的作用在于画龙点睛,不要效仿别人,要善于发现自己独特的魅力和风格!

第三章

职场人士的仪态礼仪

第一节　仪态礼仪的内涵与价值

一、仪态礼仪的内涵

中华民族五千年的历史文明和优良传统使我国享有"礼仪之邦"的美誉。良好的仪态礼仪是我们待人接物、人际交往的重要基础。

仪态，是指一个人举止的姿态和风度。其中，姿态是指一个人身体显现出来的状态，如站姿、行姿、坐姿、蹲姿、手势等；风度则是一个人内在气质的外在表现。

【案例分享】

某单位接到上级主管部门的通知，因为最近工作繁忙需要抽调本单位一位同志前去帮忙。

领导接电话的时候，刚好办公室的梅梅在场，梅梅一听上级单位要借调人，就积极地说："让我去吧，给我一个机会，让我去学习学习。"领导禁不住梅梅的再三请求，况且最近也抽调不出更合适的人，就同意了梅梅的请求。不过也没忘记向梅梅交代："去了一定得认认真真、扎扎实实工作，不要惹出什么事来。"

梅梅来到借调单位，工作倒是很积极主动。但是小毛病也逐渐露了出来，站没站相，坐没坐相，不仅走路有些忸怩作态，而且在办公室总是跷着二郎腿，还经常抖来抖去。这引起了同办公室其他工作人员的不满。这些举动不仅让很多人的脸上露出了不悦的神色,还有人在嘟囔:"什么素质啊!这多影响单位的形象!"

 专家解读

仪态属于人的行为美学范畴。它既依赖于一个人内在气质的支撑,又取决于一个人是否接受过规范和严格的体态训练。仪态的美与丑,往往还是鉴别一个人是高雅还是粗俗,是严谨还是轻浮的重要标准之一。因此,职场人士的仪态礼仪在工作中有着不可忽视的内涵与价值。梅梅虽然有着积极的工作态度,但在办公场合跷着二郎腿、抖来抖去的不雅仪态,仍然引起了其他同事的不满,甚至对她的个人素质有了质疑。

在职场应该有什么样的仪态呢?

要点综述

我们常用"仪态万方"或者"风情万种"来形容一个人的仪态。可见,仪态在我们的生活中有着非常深厚的内涵,衍生到职场上也同样如此。

仪态礼仪的内涵有以下四个方面。

(1)仪态文明。仪态是一个人道德意识、思想观点、文化水平的反映。人格有高下之分,行为也有美丑之别,美好优雅的行为举止常常是高尚人格的写照。

(2)仪态自然。仪态既要合规庄重,又要大方实在,不要虚张声势、装腔作势。动作姿势是一个人思想情感和文化修养的外在体现。一个品行端庄、富有涵养的人,其仪态必然有着优雅和含蓄的内敛之美。反之,一个趣味低级、缺乏修养的人,其动作姿势则可能给人以虚伪浮夸之感。

(3)仪态美观。这是高层次的要求。它要求仪态优雅脱俗、美观耐看,以给人留下美好的印象。在职场中,我们必须要讲究得体的仪态礼仪,讲究动作与姿势,树立良好的职场形象。因为在与人交往中,我们所有的动作、姿势都是别人了解我们的一面镜子。同样,我们也可以通过别人的动作、姿势来衡量、了解他们。

(4)仪态敬人。通过良好的仪态来体现敬人之意,这一点非常重要。古人云:"敬人者,人恒敬之。"在职场的待人接物、人际交往中,首要的是敬重别人,这样才能得到别人的敬重。双方互敬、互尊之后才能有愉悦的交流沟通。职场中,力戒失敬于人的仪态。

> **温馨提示**
>
> 深刻认识仪态礼仪的内涵对每一位职场人士至关重要。

二、仪态礼仪的价值

仪态是指人们在外观上可以明显觉察到的活动、动作,以及在活动、动作中身体各部分所呈现出的姿态。一般情况下,它主要是由人们的肢体所呈现出的各种体态及其变动所组成。

在现实生活中,人们正是通过身体不同姿势的变化来完成各项活动。一个有优雅仪态的人,可以给人一种美感。要重视自己的仪态修养,养成良好的行为习惯,避免各种不雅仪态的出现。

 【案例分享】

张爽是一家名牌手表专卖店的销售人员。由于最近身体状态欠佳,上班时总是没精打采,仪态举止也松松垮垮,一会东张西望,一会又翻看手机,有时甚至还趴到柜台上。

这样的情况持续了十多天,张爽突然发现自己最近的业绩明显下滑。再仔细观察,每次顾客进店后,虽然自己的位置比较靠前,但顾客总是在她负责的柜台看一眼后,转身离开去找别的销售人员购买。对此,张爽百思不得其解。在苦恼了好几天后,无奈的张爽还是将情况告诉了经理。经理观察她的表现,又调看了近期的监控录像,最后在录像中看到她上班时不仅无精打采,仪态也不端庄,甚至不雅,整个一副懒散的样子。与其他同事饱满的工作热情和得体大方的仪态举止相比,顾客不选择张爽的原因一目了然。

专家解读

销售人员的仪态是工作态度的一种表现。顾客可以通过销售人员的仪态判断其对工作的态度和对自己的尊重程度。张爽在工作中无精打采的样子,让顾客觉得她可能是一个不负责任的人,从而对她销售的产品产生了排斥情绪,因此自然选择其他销售人员去咨询或购买。

那么,职场仪态礼仪的价值又有哪些呢?

要点综述

1) 提高个人素质

仪态礼仪在行为美学方面指导着人们不断充实和完善自我,并潜移默化地熏陶着人们的心灵。它既能帮助职场人士树立良好的职业形象,又能帮助职场人士提升个人素养。

企业的竞争,其实是员工素质的竞争。企业员工素质的高低反映了一个企业的整体水平和可信程度。因为教养体现于细节,细节展示了素质。因此,加强职场人士仪态礼仪的培养,有助于提升职场人士的个人素养和职业竞争力。

2) 增进职场人际关系

社会是一部庞大且高速运转的机器。它的正常运转是以人与人之间、组织与组织之间的协调和有序为前提。我们每天都少不了与他人交往,如果你不能很好地与人相处,那么在生活中、事业上就会寸步难行,一事无成。在人际交往过程中,仪态礼仪就好像是润滑剂,在错综复杂的人际关系中减少摩擦,使之变得和谐。通常一个简单的点头致意,一个温暖的握手相迎,就能让人如沐春风,可以温暖人心,瞬间拉近与同事和客户之间的距离。

加强仪态礼仪修养,能使你在职场交往中更加顺利,使你在尊敬他人的同时也赢得他人的尊敬,从而使人际关系更加融洽,工作环境更加宽松,交往气氛更加愉快。

3) 塑造良好企业形象

当今社会,企业形象是公众认知的门面和窗口,良好的企业形象能够带给企业良好的经济效益和社会效益。因此,在现代企业管理中,大多数企业都特别重视员工的内在素质和外在形象。要求员工要有良好的形象和强烈的责任意识,认识到个人的形象代表企业形象,个人的行为就是企业的活名片。职场人士具备良好的仪态礼仪更有利于企业形象的提升。

4) 提高服务企业产品的附加值

现代企业的竞争,从某种程度上来说也是企业形象的竞争。尤其对于服务性企业,高素质员工提供的高品质仪态礼仪服务,不仅有助于企业创造更多的经济效益和社会效益,也有利于提升企业的文化内涵和品牌效应。企业员工的仪态礼仪对企业产品的竞争无疑会起到十分重要的作用。

> ◆ 温馨提示
>
> 深刻认识仪态礼仪的价值,对每一位职场人士都至关重要。

第二节　仪态礼仪的应用

一、职场人士的站姿规范

仪态主要是指人们在活动中的动态和静态的造型,具体包括站姿、走姿、坐姿、蹲姿。也许有人会说,这些对职业人士来说还会有问题吗? 谁不会站,谁不会走,谁不会坐,谁不会蹲呢? 但你的姿势别人能接受吗?

【案例分享】

某公司到一所知名大学招聘应届毕业研究生一名,该校学生就业中心向公司推荐了两名条件比较符合的学生赵洋和李刚参加面试。这两名学生平时在学校学习成绩相当,其他表现也不相上下。

面试当天,两位学生按时来到招聘现场,招聘负责人看了两人的简历后又和两人分别进行了面对面沟通,还是觉得难分伯仲。最后决定让两位同学再来一个五分钟的即兴演讲,内容包括自我介绍、专业简介、学术研究和未来规划。两人抽签后,先由赵洋演讲。赵洋上台后站姿端正挺拔,举止得体大方,演讲获得了招聘负责人的频频点头回应。而李刚上台后,虽然和赵洋演讲的内容各有千秋,但他双手插在裤兜里,右腿还不停抖动,给人一种吊儿郎当的感觉。

面试结束后,招聘负责人说:“我们回去研究一下,过几天再通知招聘结果。”

几天后,赵洋接到了录用通知书。

专家解读

有时在路上,我们突然发现走在前边的那个人不就是我们单位的小李吗?尽管当时看到的只是小李的背影,他可能也变换了发型和衣服,但我们还是能从背后判断出他就是小李,他的站姿就能让我们判断出这是谁。这就是一个人的仪态。每个人都有着自己的仪态特点,而站姿就是仪态的一个重要的元素。

不同的场合对站姿也有不同的要求。在日常生活中,可以稍微随意一点,但是在正式场合,还是要用标准的姿势出现在人们的眼前,这样才比较得体合规。

那么标准的站姿应该是什么样的呢?

要点综述

1. 标准站姿的动作要领

(1)身体要直立而舒展,挺胸收腹,略微收臀。身体的中心线穿过脊柱,落在两腿中间,脚部重心稍前倾,身体尽量上提。

(2)精神状态应饱满,面带微笑,双眼平视前方,目光柔和有神,表情自然亲切。

(3)脖子要伸直,头部有向上顶的感觉,下颌稍微回收。

(4)两臂自然下垂于裤缝两侧,双手手指自然弯曲,掌心向内,或双手轻松自然地在体前交叉相握。

(5)两腿直立且肌肉收紧,膝关节要放松。

(6)双脚的位置男女有别,女士站立时,双脚脚跟要靠拢,呈 V 形,脚尖分开约 45°或一个拳头的距离(图 3-1);男士站立时,双脚可略微分开,但不能超过 20 厘米或自己的肩宽(图 3-2)。

(7)站立时间较长感到疲劳时,一只脚可向后撤半步,身体重心移至后脚,但上体必须保持正直。

在日常活动中,我们也可采用不同站立姿势以适应不同场景的需要。这些姿势与标准站姿的区别主要是通过手、腿、脚的动作变化体现出来。例如,女士单独在公众面前亮相时,两脚可以呈丁字形站立,这样不仅可以显得更加苗条,也会让人感觉比较优雅。但需要注意的是,这些站立姿势都必须以标准站姿为基础,与具体环境相配合,这样才会更加美观大方。

图 3-1   图 3-2

2.手位的含义

不论是女士还是男士,都可以将双手叠放于小腹或肚脐处。如果是职业迎宾岗位的工作人员,手位可以适当上提。具体的放置方法是:女士将双手四指并拢,左手在内,右手在外,将右手四指放于左手指根处,双手服帖成自然弧度,并将拇指放于手心,手指尤其是小拇指不要外翘,否则会让人有做作的感觉。男士要将左手半握拳,右手四指并拢握于左手手背,拇指自然贴在左手上。这样的双手放置方法,可以表现出职场人士谦和而严谨的态度。

3.站姿的禁忌

(1)不要依靠支撑物,如桌子、柱子、柜子等,否则会给人精神状态不佳的感觉。

(2)双脚不要分开过大。男士站立时,注意双脚之间距离不可过大,否则会给人留下过于张狂的印象。女士的要求则更为严格,要遵循双脚双腿分开幅度越小越好的原则,否则会给人大大咧咧、不拘小节、没有教养的印象。

(3)忌抖腿或晃动身体。抖腿或晃动身体会让对方觉得你是一个漫不经心、吊儿郎当的人。

（4）忌小动作太多。要尽量控制自己无意识的小动作。很多女士在站立时，会出现摆弄衣角、发梢或抠手指等动作。男士往往会出现扳手指或将签字笔在手指间来回打转等动作。这些动作在职场上会让人觉得不够庄重和职业。另外，双手抱在胸前的动作往往让人有消极、防御、对抗的感觉，很难和交谈对象营造出轻松和谐的沟通氛围。

（5）忌含胸驼背。含胸驼背不仅会造成体态不雅，还会影响体内血液循环，甚至会压迫内脏而引起消化不良等现象。

4．形体的自测

现代人往往会在办公室久坐，坐得时间太长可能会让身材变形，而且带来一系列颈椎、腰椎问题。那么，如何检测自己的身体是否变形了呢？

我们可以用绳子挂着小物件或用开大型会议发的会议吊牌来进行测量。具体方法是：身体尽量站直，把绳子或吊牌的一头置于耳垂处，挂东西的一端朝向地面，看看绳子是否和自己的胳膊、裤线在一条线上。如果是，说明自己的身材比较直；如果不是，说明身材已经变形。

形体变形会直接影响站姿的规范。如果自己的形体已经变形，用什么样的方法可以进行调整呢？

5．站姿训练法

给大家推荐二九站姿训练法。

（1）第一个九。找一面墙或房门，把后脑勺当作一个点，两个肩膀是两个点，两个臀尖是两个点，两个小腿肚是两个点，两个脚后跟是两个点，共九点。将九个点用力贴在墙面上或门板上，右手搭左手放在肚脐上，即可拉直身体。长期坚持可以纠正不正确站姿。

（2）第二个九。平时站立时做到头正、目平、颈直、肩开、胸挺、腰收、臀提、腿并、抓地，这也是九点。抓地指脚指头用力抓地面，此时会感到身子挺拔，形体自然就会变得笔直了。

 温馨提示

准确掌握站姿动作要领，会为你增添无限魅力。

二、职场人士的走姿规范

中国有句俗话叫"站如松，行如风"，说明了一个人走姿的重要性。走姿不仅能展现一个人的心情、态度和修养,更是站姿的延续性动作,也是一个人的气质体现,能反映出一个人的精神状态。想要走得自然、正确、优雅、大方,就要了解走姿的基本要求。

　【案例分享】

有一次,笔者给一家单位的中高层进行培训。培训结束后,一个很帅气的小伙子找到了笔者。原来他是这家单位的一个部门经理,因为业务需要经常要和一些大公司打交道。尽管他长得高大帅气,五官也很端正,但是走姿非常不规范,走起来总是东倒西歪、摇摇晃晃。这使他经常会受到一些人的嘲讽。所以他备感焦虑,特别想改变自己的走姿。

专家解读

人与人打交道,第一印象很重要。这在心理学上被称为首轮效应或首(因)效应。首轮效应就是我们通常说的第一印象。

上述案例中的小伙子由于没有掌握正确的走姿要领,养成了一些不良习惯,使别人对他产生了误解。

那么,正确的走姿有哪些要领呢?

要点综述

1. 个人走姿礼仪

(1)表情自然平和。做到双目平视,目光淡定、大方,下颌微收。

(2)上身要正且直。挺胸收腹,腰背笔直,身体尽量向上提。起步时,身体稍向前倾。对于女士来讲,如果希望自己的走姿变得优雅,走路时应尽量保持上身稳定,避免左右摇晃。

(3)双手摆动自然。两臂以身体为中心,肩膀往后打开,两臂自然下垂,手掌朝向体内侧。两手自然地在身体两侧轻轻摆动,摆幅为向后 15°,向前30°。摆动时,要避免双臂向外摆幅太大而触碰他人。双臂也不要向内紧扣身体,这样显得比较拘谨且破坏美感。

(4)步伐匀速稳定。双腿膝盖要伸直,重心落在前脚掌,脚尖向正前方伸出。女士两脚掌的内侧要形成一条直线,步距不宜过大,尽量避免走猫步,以免显得不够端庄。男士重心在两脚中间,显得稳重,双脚平行,步距可稍大,但要避免出现内八字步或外八字步。

(5)不同场合的步频。行走的标准步频一般保持在每分钟100～120步,每个人可以根据自己的身高和腿长做适当的调整。还可根据不同场合,因地、因人、因事进行调整。例如,在室内走路应轻而稳;在公园里散步应轻而缓;在阅览室里走路应轻而柔;在婚礼上步子应欢快、轻松;在葬礼上步子应沉重、缓慢。

2. 行进中的礼仪

(1)一人行走时,要靠右侧,将左侧留给有事急行的人。比如上下楼梯或者在人行道行走时。左侧通道被视为突发事件发生时的应急通道,以便相关人员可以快速通过。注重这些细微的行走礼仪,让社会多一份礼让和理解。

(2)两人行走时,礼仪的规则是以右为尊。如和上司、客户一起行走时,应该让上司和客户位于右侧,以示尊重;如果是一男一女同行,也应该遵循男左女右的原则。

(3)三人同行时,以中间位置为尊,右边次之,左边位列第三。

(4)一群人行走时,遵循中间高于两侧、前排高于后排的原则。

(5)在室外或道路行走时,应该让地位高的人走在远离车辆的一侧。如果道路比较拥挤,要注意观察周围路况,照顾好同行的人。行走过程中要保持良好的仪态,不能东张西望或者推搡拉扯。如果因为人群拥挤而不小心碰到、踩到或绊倒他人,要及时道歉,并且给予必要的帮助。如果别人不小心冒犯到自己,应该小心提醒并加以体谅。

(6)在楼梯、楼道或狭窄地方行走时,不要多人并排行走。这样会妨碍来往行人或车辆,同时也会带来安全风险。在接近电梯、房门、车门时,下属、男士应快步上前快速按按钮或开门,为上司、客户或女士服务。

3. 不受欢迎的走姿

(1)不要夹着手臂行走,不要前后晃动肩膀,不要把手抱在胸前或者背着双手走路。

(2)注意行走时双脚的习惯,不要脚底蹭地行走,这样会发出沙沙的声音。这种行走方式是一种很消极的肢体语言,会给人一种很懒散的印象,在工作场合可能会带给客户不良的影响。

(3)走路时低着头,这会给人不积极、不自信的感觉。在职场上要始终表现出对工作的热情和自信向上的态度。

（4）不要在人群中横冲直撞，如确实有急事需要在人群中穿梭，应面带微笑低声对周围人说出"对不起""借过""谢谢"等礼貌用语，并尽快通过。

> **温馨提示**
>
> 掌握正确的行走礼仪，展现职场风度和自信。

三、职场人士的坐姿规范

坐姿，是展现一个人形体美的重要方面。得体的坐姿给人以文雅、稳重、自然大方的美感，同时也体现了一个人良好的气质与修养。

常言道："不动不摇坐如钟。"指的就是坐着时要有一个沉稳从容的姿态和表情，看上去端庄大方。

在职场中，我们更应注重坐姿规范。那么，关于坐姿的礼仪你了解多少呢？或许有人会说："不就是坐嘛！身体一蹲坐下去就好了，哪还有那么多讲究？"其实不然！我们来看看下面的例子。

 【案例分享】

李女士到一家银行给客户办理汇款业务，到达银行网点后，才发现自己忘带身份证了。由于这笔汇款比较紧急，李女士就去柜台询问是否可以用驾驶证办理。

入职不久的柜员赵娜接待了她，此时的赵娜正弯着腰缩在座位中，在听了李女士的诉求后，一边左右摇晃座椅一边告知她："驾驶证不能办理汇款业务，要用身份证或者有效户籍证明才行。"

李女士想这是急事，想再请求通融一下，便询问是否可以用自己的身份证号码办理，之后再补交身份证，但被柜员赵娜拒绝了。

在整个交流过程中，赵娜始终不停摇晃着座椅，李女士觉得这个柜员一直没有认真对待自己的诉求，本来着急的她，一股无名怒火在心中突然升起。

此时，赵娜继续摇晃着座椅，并慢悠悠地对李女士说："您要是着急的话，一会再来，我们可以为您优先办理。"

怒火中烧的李女士嘴里大声嚷嚷着："这是什么破银行呀！"愤然转身，

直接找大堂经理投诉去了。

 专家解读

从以上案例我们可以看出,一个正常的业务,而且也不是银行理亏,但因为柜员赵娜与客户交流中不得体的坐姿,最终导致客户愤怒地去找大堂经理进行投诉,结局也可想而知。这不仅影响了自己工作,也让营业网点声誉受损,真是得不偿失啊!一个看似微小的姿态举止,有时会引发不可预估的后果。那么,坐姿礼仪应该注意哪些方面呢?

要点综述

1. 总体原则

女士要娴雅自如,端庄稳重;男士要直立挺拔,沉稳大方。入座时,男女均要遵守"左进左出"的规则,保持轻、慢、稳的动作。

2. 女士坐姿注意事项

(1)入座前,要从椅子的左侧进入,用眼睛观察或从大腿后侧感知与椅子的距离合适时再落座。

(2)着裙装时,在坐下前,要用一只手的手背轻轻捋裙子下摆,避免裙摆因坐姿而褶皱,影响美观。

(3)入座后,双腿要并拢,小腿垂直于地面。面带微笑,亲和示人。挺胸直腰,腹部收紧。双手自然下垂并叠放于大腿上,手位与站姿相同,仍为左下右上(图3-3)。

(4)坐椅子时,尽量不坐满椅面,坐满椅面的2/3即可。坐得太满或靠在椅背上会让人觉得懒散。

(5)与侧面的人交流时,可将一只胳膊肘靠在椅子的扶手上,或将小臂的1/2放在桌面。与对面的人交流时,身体要稍向前倾,身体与桌沿的距离为一个拳头,两个小臂的1/2可放在桌面,双手交叉。若身体离桌沿太近或小臂全部放在桌子上,会给人一种趴着的感觉,有失礼貌。

图 3-3

(6)若久坐,可以变化坐姿以调整疲劳

感。可以将双腿向左或右斜放、交叉,但无论坐姿如何变化,双膝不能分开,尤其是着裙装时。

3. 男士坐姿注意事项

(1) 入座前,不慌不忙地走到座位前,调整椅子到最合适的位置,稳稳地坐下。如果周围有长者或女士,应该先帮助长者或者女士入座,自己再入座。

(2) 入座后,上身要挺直,肩要平,头要正,下颌微收。

(3) 双腿自然分开,两脚平行,但不超过自己的肩宽。如双脚需要交叉时,在脚踝处进行叠加。双手自然地放置在扶手上。

(4) 身体可适当地靠在椅子上,但不能瘫坐在椅子上,否则会给人以霸道或懒散的感觉。

(5) 保持两眼平视,目光平和,表情自然(图 3-4)。

(6) 与人交流时,可适当转动身体,以展现尊重和关注。

图　3-4

4. 特殊场合下的坐姿

遵循办公室坐姿规范的同时,还要注意以下特殊场合的坐姿规范。

(1) 乘坐公交、地铁时,上身应保持正直,膝盖并拢,双手可以叠放在自己的大腿上。如果带手提包可以把手提包放在大腿上。不要将腿跷起或跷二郎腿,这样会妨碍邻座和身前站立的人。

(2) 餐厅用餐时,为避免饭菜洒落和汤汁溅出,应尽量使自己的身体靠近餐桌,且不可弯腰驼背。与人交谈或不用餐时,双手可以放在膝盖上。

(3) 坐低陷的沙发时,尽量保持上身的正直,不可整个人陷进沙发里,这样会显得不精神也很没礼貌。女士的小腿应并拢,并斜摆向左或右的任意一边;如果穿着短裙,以90°角弯曲膝盖很容易走光,此时应将双手放在大腿上便于遮掩,以保持端庄的仪态。

(4) 上车时,当朋友为你打开车门,要微笑致谢。下车时,要一只脚先下地,另一只脚随后,挺直腰身,并表示感谢,同时随手带走车内的垃圾。女士如果穿裙子,上车时先应臀部坐在车座上,再将双脚并拢抬移到车内;下车时,应将双脚并拢抬移到车外,再下车,或用手提包压住裙子,以免走光。

5. 坐姿的禁忌

(1) 猛起猛坐。

(2) 神色慌张,不停东张西望,心不在焉。

(3) 前俯后仰,驼背哈腰或趴在桌子上。

(4) 当两腿交叠而坐时,脚尖朝天,鞋底对着他人。

(5) 不时地摆弄手指、衣角或小件物品,无一刻安静。

(6) 跷起二郎腿,并不停地上下抖动。

(7) 站起时,弄得座椅乱响,造成紧张气氛,或将桌上茶具带翻。

(8) 将双手抱在腿上,或将手插在双腿之间。

(9) 当着别人的面脱鞋脱袜。

(10) 碰到桌椅发出较大响声。

 温馨提示

稳重大方的坐姿可以营造良好和谐的工作氛围,拉近人际距离。

四、职场人士的蹲姿规范

在职场中,有时会遇到需要降低身体高度使用蹲姿的情况,比如捡东西、和小朋友交流、系鞋带或者拍大合照等。

蹲姿虽然用得相对较少,却最容易出错。人们在拿取低处的物品或拾起落在地上的物品时,往往需要下蹲。但在下蹲时,尤其是着裙装的女士在下蹲时,稍不注意就会走光,很不雅观。

那么,您知道什么样的蹲姿方式比较优雅吗?

 【案例分享】

张女士是一家大型公司的总经理,因为职场需要,她经常会光顾一家品牌服装店,购买一些出席活动的服装。这家商店的衣服大气优雅,张女士每次来都会买几件心仪的衣服。但是有一天,却发生了一件不愉快的事情。

周末,张女士上午早早地来到了商店,为几周后的活动挑选服装。由于早上刚开店,导购员小王正站在梯子上忙着调整货架,看到张女士,热情地打了个招呼,让张女士自己先挑选。张女士逛了一会,看中了一件挂在展示架顶端的外套,外套十分漂亮,张女士想赶快试试看穿上是什么效果,于是她让导购员小王帮忙取一件。小王推着梯子来到那一排货架下面,爬了上去,由于展示架高度问题,蹲着正好可以看到衣服的尺码,于是小王便蹲在梯子顶端,背对着张女士翻找合适的尺码。

由于小王的蹲姿不够规范,这时尴尬的事情发生了,小王穿的低腰裤,在蹲下时不但露出了里面内裤的边缘,而且还露出了一大片臀部。张女士在下面看着,顿时涌上一股恶心的感觉。在这个过程中小王还不时地回头和张女士交谈,张女士也不好意思提醒小王,最后只能草草地说再看看别的衣服,让小王赶快下来。

张女士看了看别的衣服,但总觉得没有第一眼看中的那件满意,她突然感到心烦意乱,也失去了继续看下去的兴致,匆匆离开。而且,此后也很少光顾此店。

小王心里很是纳闷,最终也没明白,自己到底做错了什么,为什么原本兴致勃勃的张女士,瞬间就变得如此烦躁而匆匆离去了呢?

专家解读

从以上案例可以看出,导购员不仅背对着客人,而且在下蹲时还露出了一大片臀部的皮肤,这样看起来确实不雅,客人感觉仿佛被侮辱到了,自然就不高兴了,当然也就没有购买的欲望了。导购员一个不规范的蹲姿,不仅错失了一个营销的良机,而且也失去了一个长期光顾的客户,由此可见蹲姿的重要性。

要点综述

1. 蹲姿的基本要求

(1)注意安全,动作要自然得体,造型要美观大方。

(2)观察好要下蹲的位置,若要用右手捡东西,可以先走到东西的左侧,右脚向后退半步,然后再蹲下来,反之亦然。

(3)下蹲前,整理一下自己的衣服,确保不会有暴露行为出现。

(4)两腿要合力支撑起身体,动作要慢、稳,避免左右摇摆和滑倒。

(5)下蹲时,应使头部、胸部、膝关节保持正确的位置,使蹲姿从视觉上让人感到优美。

（6）身体脊背保持挺直，臀部一定要沉下去，避免弯腰翘臀等姿势出现。

（7）女士无论采用哪种蹲姿，都要将双腿靠紧，臀部要下沉，如穿旗袍或短裙时，需要更加留意，以免让人尴尬。男士下蹲时，两腿间可留有适当的缝隙。

2. 蹲姿

蹲姿有高低式蹲姿和交叉式蹲姿两种。

（1）高低式蹲姿。这种蹲姿的基本要求是：下蹲时，双腿不并列在一起，左脚在前，右脚稍后。左脚脚掌要完全着地，小腿基本上垂直于地面；而右脚应脚掌着地，脚跟提起。此刻右膝要低于左膝，右膝内侧可靠于左小腿的内侧，形成左膝高右膝低的姿态。臀部要下沉，要用右腿支撑整个身体。若是捡东西，右手伸出捡东西，左手放在膝盖上；若是合影，双手自然放在两膝上，女士双手应叠放在左膝上（图 3-5、图 3-6）。

图　3-5

图　3-6

（2）交叉式蹲姿。这种蹲姿一般适用于女性，尤其是穿短裙的女士。这种蹲姿造型优美典雅，其特征是蹲下后双腿一定要交叉。

此蹲姿的基本要求是：下蹲时，右脚在前，左脚在后，右小腿要垂直于地面，而全脚要着地，右腿在上，左腿在下，两腿交叉重叠。左膝要从后下方伸向右侧，左脚跟要抬起，并且脚掌要着地，两脚前后靠近，合力支撑着身体，上身要略向前倾，臀部要下沉。

3. 蹲姿的注意事项

（1）不要突然下蹲：下蹲时，速度不要太快。如果在行进中或身后有人跟随时，要特别注意这一点，否则后面的人会猝不及防，甚至会被绊倒。

（2）不要离人太近：下蹲时，应与身边的人保持一定距离或放慢行进速度。若与他人同时下蹲，更应注意双方的距离，以免发生彼此"迎头相撞"的尴尬。

（3）不要方位失当：在他人身边下蹲时，最好是在他人侧身方向或正面方向。背对他人下蹲通常被认为是不礼貌的行为。

（4）不要毫无遮掩：在大庭广众之下，尤其是着裙装、低腰裤或低胸服装的女性，一定要注意下蹲时是否会走光，切忌双腿分开。

（5）不要蹲在凳子或椅子上：有些人有蹲在凳子或椅子上的习惯，但是在公共场合这种行为会被认为是非常不雅的行为。

（6）不要起身太快：下蹲后，缓慢起身容易保持身体的稳定性，身体不容易摔倒或摇晃。

 温馨提示

掌握正确的蹲姿规范，展示优雅的职场形象。

五、职场人士的手势规范

手是人身体上最灵活自如的部位之一。俗话说："心有所思，手有所指。"手势在仪态礼仪中是最丰富、最有表现力的"体态语言"，是人们交往时不可或缺的动作。不同的手势所构成的手势语也不尽相同。

那么，职场上那些手势的规范和含义您了解吗？下面我们先来看一则关于手势的案例。

 【案例分享】

某国际商务访问团在一个五星级饭店的西餐厅用餐，服务员小王负责引领客人进厅。当访问团到达餐厅门口时,一位客人请小王把他随身携带的一盒物品保管一下,小王很热情地上前一把抱住物品,并重重地放在桌子上,还对客人做了个OK的手势。

尽管小王也是为宾客提供了热情的服务,但事后还是被投诉了。最后小王向经理询问缘由,才知道原来客人是俄罗斯人,而需要保管的物品是瓷器纪念品。

专家解读

由上述案例可见,小王没有注意递接物品时要轻拿轻放的手势礼仪。更严重的是,那位客人是俄罗斯人,小王为了表示"好的,没问题"做了一个"OK"的手势。而这个手势在俄罗斯有骂人的意思。一个微小的手势背后竟有着不可忽视的含义和作用。因此,在职场上我们应该正确运用手势,不要因为自己不当的习惯而带来不良后果。

要点综述

1. 几种常见手势

那么职场中常见的手势有哪些呢?

(1)请进手势。在迎接客人时,应站立在客人的旁边,用正确的站姿,面带微笑,友好地目视来宾,微微点头。手臂向外侧横向摆动,指尖指向被引导或指示的方向,直到客人走过,再放下手臂。

(2)引导手势。为客人引路时,应走在客人的左前方1~1.5米处,身体稍向前倾,用小臂来指引,手跟小臂呈一条直线或大小臂呈100°左右的夹角,五指自然并拢,掌心斜向上45°左右指示前方,眼睛应兼顾来宾和指示方向,并辅以一定的语言,如"女士请上二楼""先生请到这边"。直到来宾表示清楚了,再把手臂放下(图3-7)。

(3)请坐手势。引导客人入座时,用一只手摆动到腰位线上,使手臂呈斜下方45°左右的角度,或让手臂形成一条斜线,表示请客人入座(图3-8)。

(4)递接手势。递接物品时,要用双手递接。伸手时手掌向上或掌心相对,呈45°左右的夹角,双手手指并拢,出手要稳、慢。递接时,要做到轻拿轻放,稳递稳接,用力要均匀。如果是递接剪刀或其他易于伤人的尖锐物品时,应让尖锐部分对着自己,并用手握住,缓慢递给对方。

图　3-7　　　　　　　　　　　　图　3-8

（5）鼓掌手势。鼓掌是用来表示欢迎、祝贺、感谢、鼓励或支持的一种手势，常用于会议、演出、比赛或迎接嘉宾等场合。鼓掌的具体要求是：鼓掌时，双手置于胸前但不低于胸部，手指向上或斜向上，双手互拍，或用右手掌击拍左手掌，通常不少于五次。掌声的时间越长，就表示越热情越欢迎。特别隆重或热烈的场面，应起身站立、长时间鼓掌。

（6）夸奖手势。这种手势主要用以表扬他人。基本要求是：伸出右手，高度在胸以上部位，翘起大拇指，指尖向上，指腹面向被称道者。但此种手势在不同的国家有着不同的含义，因此在和外国朋友交往中要慎用。

（7）道别手势。这种手势主要用来和他人告别。基本要求是：目视对方，面带微笑，右手向上抬至与肩同高或高于肩部，与告别人的距离越远，手臂可以抬得越高。大小手臂约呈110°夹角，掌心朝向对方，五指并拢，指尖朝上。手与小臂晃动，大臂不可弯曲或摆动。根据告别人回头次数的多少可以反复使用道别手势。

（8）举手手势，举手致意（也叫挥手致意）。一般是用来向他人表示问候、致敬或感谢。在一些场合，当你看见熟悉的人，但由于人多或距离稍远的时候，用举手致意，可以消除对方的被冷落感。但注意要掌心向外，面对对方，指尖朝向上方，伸开手掌稍加摆动，同时辅以微笑的表情和温和的眼神。

（9）挥手手势。挥手手势是通过手臂挥动传情达意的体态礼仪。它在户外或中间有障碍物时尤为适用，是一种广泛使用且具有通用性的礼仪表现方式。

基本含义：

左右挥动：用于告别，表示"再见"；

手掌向内勾：用于邀请，表示"请过来"；

手掌向外挥：表示"不要这样""去""快离开"等；

双手交叉手心向外：表示"制止""不可以"等；

两手交叉：表示等待。

2. 手势礼仪的注意事项

（1）要注意手势的区域性差异。不同国家、地区、民族，由于文化习俗的不同，手势的含义有很大差别，即使是同一手势在不同的国家和地区表达的含义也可能不相同，甚至是完全相反。所以，只有了解了手势表达的准确含义，才可以避免引起误会和矛盾。

（2）手势不宜过多，动作幅度不宜过大。在运用手势时，手势要稳重大方，切忌出现"指手画脚"或"手舞足蹈"的行为，这样会给人心神不定、不太稳重和轻佻之感。忌反复摆弄手指，如掰关节，甚至发出"嘎、嘎"的声响，这样的行为会让人有烦躁、注意力不集中等不舒服的感觉。

（3）注意手势速度和高度。手势过快，会给人带来紧张烦躁之感；手势过高，又有失端庄大方的仪态之感，手势最高不要超过头顶。

（4）手势要自然、协调。若手势使用不当，会让人有僵硬、做作之感。因此，手势要做到自然、协调、美观。在工作中，若将一只手或双手插入口袋中，不论姿势是否优雅，通常都是不适宜的。

3. 手势礼仪使用禁忌

（1）非常失敬的手势。让掌心向下挥动手臂；勾动食指或除拇指之外的其他四指招呼他人；用单指指向他人等。

（2）令人反感的手势。在他人面前掏耳朵、搔头皮、抠鼻孔、挖眼屎、剔牙齿、摸脚丫、抓痒痒等，这些手势不仅不卫生、不得体，而且也极为令人反感。

（3）极不稳重的手势。在公共场合，双手小动作过多，如咬指尖、抬胳膊、折衣角、挠脑袋，或双手抱在脑后、抱大腿等手势，都是不得体的表现。

4．手势的区域性差异

前面我们说到手势的区域性差异,下面就来细说几种手势的不同解释:

（1）掌心向下的招手动作。在我国表示让人过来,在美国表示让狗过来,在英国表示"再见"。

（2）竖起大拇指手势。在我国和其他一些国家或地区,一般都表示顺利或夸奖别人;但在欧美部分国家或地区,则表示要搭车;在德国,竖起大拇指表示"1";在日本,则表示"5";而在澳大利亚则表示骂人。还有些地方若以拇指指腹的反面指向除交谈对象外的另一人,则是对其的嘲讽。

（3）V形手势。在我国过去一般表示为"2";但在英国、新西兰等国家,手心向外的V形手势则是表示胜利,而手心向内,却变成了骂人的手势。

（4）OK手势。其基本要点是拇指、食指相接成环形,其余三指伸直,掌心向外。这种手势在美国表示"了不起、顺利";在日本、韩国,则表示金钱;在法国表示"零"或"毫无价值";而在其他一些国家还有不太好的意思,如在俄罗斯、土耳其、巴西就表示骂人,在运用中要注意区别对待。

 温馨提示

正确掌握手势礼仪,可以更加得体地表达工作中的情绪和态度。

六、职业人士的表情礼仪

职场人士的仪态中很重要的一个内容是表情礼仪,得体的表情可以展现我们的精神风貌和内在的气质与修养。而说到表情礼仪,便离不开微笑和眼神。

下面我们来看一个案例吧!

 【案例分享】

萌萌是某外语学院的一名学生,学习刻苦,人也漂亮,尤其是微笑十分甜美。毕业前去了一家企业实习,得到了企业和客户的一致好评。毕业后顺利进入了这家企业,负责接待工作。

在一次招商引资大会上,萌萌接待贵宾正忙得不亦乐乎。这时,一位外商过来,要求萌萌为他调送一杯咖啡。当时,萌萌正为其他几位贵宾服务,脱不开身,忙完后萌萌把咖啡送过去,并面带微笑地道歉! 这位外商却不领情,言辞激烈,手一扬还打翻了咖啡杯,溅了萌萌一身。

面对外商傲慢的态度、尖刻的语言,萌萌始终面带微笑、眼神亲切地和他沟通。交流中偶尔因为外商的中文发音不准,产生了一些歧义,萌萌也都把责任揽在自己身上。

萌萌甜美的微笑和亲切的眼神以及表现出的工作态度,最终打动了外商,在大会即将结束时与企业成功签约。他说:"萌萌小姐完美的接待,让我看到了贵企业的人文素养,非常温暖,我相信贵企业坚韧的工作态度,决定在这里投资了。"

后来,大家都称赞:这个项目能成功签约,萌萌功不可没。

 专家解读

由上述案例可见,萌萌用她始终如一的微笑和亲切的眼神打动了傲慢的服务对象,微笑和亲切的眼神是可以感染和感动他人的。在职场中,我们首先给对方一个温暖的微笑和亲切的眼神,别人大概率也会以同样的方式回馈你。这样不仅能拥有一个好心情,同时,可以营造良好的职场人际关系,双方都是受益者。希尔顿曾经说过这样一句话:"微笑是人类最基本的动作,您的微笑价值百万。"

微笑是职场人士尤其是服务行业人员在工作岗位上的标准表情。

要点综述

1. 魅力微笑

有人说微笑是世界通用的语言,也有人说微笑是沟通的标准表情,而在职场上微笑是最美的交流方式。

1) 微笑的价值

① 微笑能够展现个人自信。

② 微笑能够体现对他人的礼貌。

③ 微笑可以传递正能量。

④ 微笑可以提升个人魅力。

⑤ 微笑可以建立职场和谐人际关系。

⑥ 微笑可以让对方获得愉悦感。

⑦ 微笑可以让客户产生信赖感。

⑧ 微笑还有益于个人身心健康。

2）微笑的练习方法

① 发自内心。"礼由心生"，我们内心要有对他人尊重和友好的态度。

② 嘴角上翘，让嘴的外形有所变化，像一个元宝的形状。

③ 笑肌上提。笑肌一般指苹果肌。嘴角上翘成元宝形后，笑肌自然就上提了。

④ 发出"E"声。可以站在镜子前找感觉，微张双唇，让嘴角的两端后缩，嘴里发出长长的"E—"声，找到感觉后，保留该姿势。当面对交流对象时不发出声音。

⑤ 眼透笑意。眼神中要透露出一种喜悦的情绪。

⑥ 反复练习。放松肌肉，进行反复练习后，可以收到良好效果。

3）微笑的"三结合"

① 与眼睛的结合。俗话说"眼睛是心灵的窗户"，要学会用眼神和他人交流，当我们在微笑的时候，眼睛也要"微笑"，也就是说眼睛里要有笑意，俗称"眉开眼笑"，这样的微笑才会更亲切传神。只有眼睛和嘴巴都"笑"了，才是和谐自然的微笑。如果只是嘴角动了，而眼睛无神，表情就会很生硬，会给人皮笑肉不笑的感觉。

② 与语言的结合。微笑着与别人问好，使用"您好""早上好""很高兴认识您"等礼貌用语，笑容看起来会更加生动、鲜活，也更容易与人开展沟通。

③ 与肢体的结合。微笑时要与正确的肢体语言相结合，才会达到相得益彰的效果，如用握手、奉茶、请等手势，会给他人留下更好的印象。

如果能做到微笑"三结合"，将大大提升个人亲和力和人气指数。

2. 温和目光

在工作中怎样正确使用目光传递信息呢？

1）目光要自然平和

刻意扭捏的目光容易让人心生芥蒂，而目露凶狠之光难免使人望而生畏。作为职场人士来说，眉目带亲和温润之色才会使他人心生温暖，也会让人放下戒备，这样在无意中就能拉近人与人的距离。

2）注视的落点要准确

① 在与人交流时，应面带微笑，目光注视对方，目光注视上至对方额头，下至对方下巴，左右以两肩为准的区域内。

② 如果对对方的讲话比较感兴趣,应用友善的目光正视对方的眼部。

③ 当自己被介绍与他人认识时,眼睛要注视对方的眼部,不能上下打量对方。

④ 如有求于对方或等待对方回答问题时,眼睛可略朝下或注视别的地方,给对方以考虑的余地。

⑤ 上台讲话时,应先用目光环顾会场四周,并点头致意,以示对所有与会人员的尊重。

⑥ 在社交场合,忌讳和别人眉来眼去或使用满不在乎的眼神,这是缺乏礼貌和修养的表现。

⑦ 当进入上级或他人的办公室时,不要将目光落在桌上的文件上,以免看到不该让自己看到的东西,引起他人反感。

⑧ 走进陌生人的办公室或居室,切忌东张西望。

⑨ 与长辈说话时,最好走近对方,用恭敬的目光注视长辈。

3)注视的时长要恰当

交谈时,不宜将目光长时间集中在对方身体的某一部位,且注视不同的部位又有不同的内涵。这会让对方充满压迫感与紧张感。尤其是初次见面的异性,长时间地盯着对方,是一种失礼的行为。

4)目光的禁忌

① 游移不定。与他人交谈时,眼神不要到处游移,否则会让人觉得你心神不定,对人漫不经心,没有重视对方的存在。

② 目光游离。目光总是闪闪烁烁,注意力不集中。这种状态会让人产生心里有鬼、害怕被别人看穿心思,或者个人心理怯懦,对自己不自信等联想。

③ 死盯不放。目光总是盯着交往对象的某个部位,是交流中的大忌。一是不礼貌,二是让人感到害怕,甚至会让对方怀疑你是不是有心理问题。

④ 贼眉鼠眼。眼珠四处乱转,神情鬼鬼祟祟,好像在算计什么,没安好心的样子。这样的目光也会让人觉得你内心胆怯。

⑤ 呆若木鸡。有人在和别人交流时,脸上没有任何表情,眼神也没有任何变化,似乎是因恐惧或惊讶而发愣。这样的交流往往比较死板,会让人觉得你特别无趣,无心交谈下去。

⑥ 火花四溅。俗称"桃花眼",看谁都含情脉脉。除了恋人外,在职场,

这样的目光容易给人造成误会,尤其不要将目光落在他人的脖子、胸前等敏感部位。否则会让人觉得你很轻浮。

⑦ 死鱼眼。就像死鱼的眼睛一样,看上去双目无神或双眼有突出的状态,没有任何神情。这种目光会让人心生反感,无心交谈。如果是先天性的生理特征,或者是后天大脑损伤造成的,那么在与人交流时,可通过目光适当向下,眼皮不要抬得太高来调整。

⑧ 眯眼、斜视、瞟视。有眯眼习惯的可以把眼睛睁大,有斜视和瞟视习惯的可以把脖子和上身转过来,正面面向交流对象。

 温馨提示

正确运用表情礼仪,让职场沟通更加舒畅愉悦!

第四章

职场人士沟通礼仪

第一节 职场人士沟通礼仪的作用与原则

在竞争激烈的职场环境中，良好的沟通礼仪不仅是个人修养的体现，更是促进团队协作、提高工作效率的关键。首先，良好的沟通礼仪有助于建立和维护良好的人际关系，促进团队协作。其次，礼貌的语言能够减少误解和冲突，提高工作效率。最后，通过有效沟通，能够更好地了解客户需求，提升客户满意度。因此，职场人士应该注重培养自己的沟通礼仪，使其成为职场成功的有力武器。

一、职场沟通礼仪的作用

语言是人类交流的重要工具，是传播人类文明成果的载体。在职场上，语言的作用也非常重要，职场人士不仅需要具备一定的语言沟通能力，还应将其视为重要的交际工具。语言是职场礼仪的一个重要组成部分。得体的语言沟通礼仪在职场交际中起着非常重要的作用。说话、言谈，尽管人人都会，但效果却是天差地别。所谓"酒逢知己千杯少，话不投机半句多"正说明了语言的优劣直接决定着交谈的效果。语言沟通礼仪在职场中的重要作用如下。

（一）展示个人魅力

一个人的语言犹如一面镜子，映照出他的内心和思想感情，亦能反映他的为人处世之道,进而彰显他的道德水准、教养水平。

市场竞争归根结底就是人员素质的竞争。对职场人士来说,素质就是个人的修养和言谈举止的表现。因此在职场中,得体的语言沟通礼仪可以展现出良好的个人气质和职业素养,提高自己在他人心目中的形象,减少负面影响,展现人格魅力。善于沟通的人,工作起来往往会更加顺利。

与有教养的人谈笑风生,不仅可以获得知识和信息的收益,还可以获得情感上的巨大享受;和缺乏素质的人进行枯燥无味的对话,除了浪费时间之外,更是一种煎熬。

(二)善于沟通,事半功倍

良好的语言沟通是职场人际关系的起点,它能打破陌生人之间的界限,缩短熟人之间的情感距离,导出交谈者的话题,更是双方信息沟通的桥梁,思想感情交流的渠道。其目的是通过传递尊重、友善、平等的信息,给人以信任感,进而影响对方接受自己的观点、计划和信念,使利益关系在相互理解、和谐、适应的过程中得以体现。

在职场中,一切的语言沟通礼仪都是为工作的顺利开展而服务的。无论是与同事、上级还是与客户、同行的交往,得体的言谈和有效的沟通都有助于建立良好的人际关系,使工作更顺利。语言运用得当,事半功倍;运用不当,则可能功亏一篑。

得体的语言沟通礼仪是人际关系中的润滑剂,它有着化解尴尬、劝慰安抚、消除误会、巧妙应答、机智谈判等作用,从而推动我们的工作更进一步。

(三)展现单位文化,维护单位形象

在职场中,得体的语言沟通礼仪能展现良好的个人形象,而个人形象又关乎整个单位的整体形象。

我们常说个人形象代表单位形象,活体广告比任何宣传都有价值。单位形象的好与坏实际就是单位员工素质高低的体现。职场人士无论是去和客户谈合作,还是去参加商务活动或宴会,他的言谈,他对某个人、某件事的看法和观点,对某项工作的认知和见解等,代表的不只是个人,而是他背后的整个单位的文化、内涵和形象。拥有高素质的员工,才会铸就高发展的单位,其中语言沟通礼仪的作用不可忽视!

俗话说"良言一句三冬暖,恶语伤人六月寒"。可见语言在人际交往中的作用是举足轻重的。我们经常看到很多人因为言语不当而伤害亲朋好友、得罪同事,甚至因为言语上的失误,与人结怨结仇,酿成人生悲剧。语言无处不在,它既能体现出真善美,又能体现出假恶丑。职场中同样如此。因此,我们都应该自觉地培养文明素养,注意礼貌的言谈,注重语言沟通的艺术性,遵守语言规范。

 温馨提示

掌握良好沟通技能,让工作事半功倍。

二、职场沟通礼仪的原则

在职场中,为了使工作顺利进行,人们需要进行思想交流和情感交流。因此,语言沟通在合作交流中显得十分重要。得体的语言沟通礼仪是我们职场必备的交际利器。

语言沟通必须讲究原则。我们说话不能信口开河、随口而出。

语言沟通礼仪包括两大原则,即"合作原则"和"礼貌原则"。

(一)语言合作原则

著名语言哲学家格赖斯指出,在言语交际中,双方都希望所说的话语能够相互理解,彼此总是要相互合作的,为此需要遵循"合作原则"来达到预期的目的。这也是职场中沟通礼仪应遵循的重要原则之一。

语言合作原则包括四个方面。

(1)真实原则。在人际交往中,讲真话是最基本的行为准则。在职场上,要坚持真实的原则。不说假话,不提供虚假信息,不散播缺乏证据的话语和信息。

(2)适量原则。与人沟通交流时,所说的言语要适量,不提供与交际无关的信息,提供的信息要准确适量,让人感到有分寸,说得恰到好处。

(3)相关原则。与人沟通交流时,所说的言语要与话题相关,即要切题。比如对方提出问题,不能避而不答或者答非所问。

(4)方式原则。与人沟通交流时,言语表达一定要清楚明白,避免含糊不清、有歧义;要简洁有条理,避免啰唆、杂乱。

(二)语言礼貌原则

1. 语言准确,礼貌交谈

在言谈中,语言必须准确,否则不利于彼此之间的沟通。交谈要礼貌,要尊重对方。具体包括以下几方面。

(1)礼貌称呼,有分寸,有礼节,有教养。

(2)交流时尽量讲普通话,发音准确,慎用方言、外语或网络语言。

(3)言简意赅,长话短说,避免废话,内容不要涉及令人不快的事情。

(4)注意语速、语调和音量,态度谦和诚恳,语言得体,不抢话,不指手画脚。

(5)谈话时保持适当的距离,保持微笑,并且注视对方的眼睛。注视时间不宜太长,应为对方说话时间的 2/3。

(6)当谈话者超过三人时,要避免与一个人长时间交谈而忽略了其他人。适时地用语言和眼神去照顾别人,使他们感受到你的存在。

2. 认同赞美,礼尚往来

(1)在言谈的过程中,当与对方的观点类似或基本一致时,应找准时机,以溢美之词和中肯态度予以肯定,以达成共识。

(2)赞同和肯定的语言在交谈中往往能产生出人意料的积极作用。它不仅能使双方的谈话气氛更加热烈、活跃、和谐,还能十分微妙地拉近双方的心理距离。

(3)当对方赞同或肯定自己的观点时,应及时予以积极回应。这种双向交流的"礼尚往来",可以增进双方之间的感情,为达成合作奠定良好的基础。

3. 善于倾听,兼听则明

礼貌原则还包括倾听。倾听需要一定的技巧,学会之后将受益匪浅。唐代贤臣魏征在劝谏唐太宗时更是一针见血地指出:"兼听则明,偏信则暗。"倾听是对说话者的尊重,这种尊重在职场交际具有重要意义。

4. 幽默的作用不可低估

职场交际不是一味的刻板,也可以采用幽默的语言,开开小玩笑等。在言谈时,恰到好处的幽默能使人感到轻松愉快,使沟通的效果更趋完美。它不仅可以活跃交谈的气氛,还可以消除交谈中的疲劳感,让人身心愉悦。

在这里要提醒大家：玩笑应适可而止。不要伤及对方的尊严,如果使对方难堪了,那就失去了幽默的意义。玩笑开过了,会适得其反,只能显现你的浅薄和对他人的不尊重。更糟糕的是,它会使双方的交流沟通陷入尴尬境地,与礼貌原则相违背。

（三）职场沟通礼仪的禁忌

（1）忌在公众场合旁若无人地高声谈笑。

（2）忌对交谈对象一无所知,且在对方毫不感兴趣的事情上喋喋不休。

（3）避开疾病、死亡、灾祸以及其他容易引发他人不愉快的话题,以免影响交谈的情绪和气氛。

（4）忌问过于私人的问题,以免引起他人的反感。如询问女性的年龄、结婚状况等。

（5）忌在社交场合高声辩论。不要当面指责他人,更不应对他人冷嘲热讽。

（6）忌出言不逊,恶语伤人。

（7）忌在公众场合态度傲慢、自以为是、夸夸其谈。

（8）忌与他人交谈时左顾右盼,注意力不集中,使人感觉受到怠慢。

（9）忌在谈话时摇头晃脑、手舞足蹈。

（10）忌在与人谈话前吃洋葱、大蒜等有刺激性气味的食品。

 温馨提示

良好的职场沟通,是团队的黏合剂。

第二节　职场人士的言谈礼仪

一、言谈内容的选择

说话是门艺术,能说不等于会说。在职场礼仪中,言谈至关重要,而谈话的内容更是决定谈话成功与否的关键因素。那么,如何才能使自己成为"言之有物"的人呢?

查斯特菲尔德伯爵,这位十八世纪著名的政治家和作家,在他的《给儿子的两封家书中》中写道:"谈话对各种年龄的人都有其乐趣,是很合理的消遣;但是,无知者的谈话就不算是一种'谈话',它不能给人带来任何乐趣。"可见交谈的内容是何等的重要,它往往是双方知识的积累、阅历的深度、教养的高低以及应变能力的综合表现。

要掌握娴熟的语言沟通艺术,我们先要了解一下交谈中的5W1H原则。

(一) 5W1H原则

1. Who(对象)

了解对象。根据交谈对象的身份、地位、关系亲疏,调整语言风格、用词和语气,以营造更好的沟通氛围。

适应对方。在交谈前,了解对方的背景、兴趣、性格等,有助于选择合适的交流方式和话题,避免触及敏感区域。

2. When(时间)

选择合适的时机。避免在对方忙碌、疲惫或情绪不佳时交谈重要事项,以免影响沟通效果。

设定时间框架。对于需要长时间讨论的议题,设定明确的时间起止点,保持谈话的紧凑性和效率。

3. Where(地点)

环境适宜性。选择一个安静、私密、舒适的交谈环境,有助于双方放松并专注于对话。

文化敏感性。在不同文化背景下,地点的选择可能具有特殊意义,需考虑对方的舒适度和接受度。

4. Why(目的)

明确沟通目标。在交谈前明确自己的目的和期望结果,确保对话不偏离主题。

共同利益点。探索与对方之间的共同目标和利益,以此为基础构建对话的桥梁,促进合作与理解。

5. What(内容)

内容相关性。确保谈话内容与双方关系、当前情境及目标紧密相关。

信息准确性。提供真实、准确的信息,避免被误导或产生误解。

价值传递。在交流中传递正面、有价值的信息,增强彼此之间的信任和尊重。

6. How(方法)

倾听与反馈。积极倾听对方意见,适时给予反馈,展现尊重和理解。

表达清晰。用简洁明了的语言表达自己的观点,避免冗长和模糊。

情绪管理。控制自己的情绪,以平和、理性的态度进行交谈,即使面对冲突也能保持冷静。

非语言沟通。注意肢体语言、面部表情等非语言信号的运用,提升沟通效果。

（二）言谈内容的选择

1. 要注意言谈内容的重要性和私密性

（1）因人而异。根据对方的性别、年龄、学历、性格、阅历、职业、地位、兴趣爱好等各方面条件选择比较适宜的话题,需本着求同存异的原则进行交流。

（2）切合语境。遵守时间、地点、场合等原则,符合自己身份。

（3）言谈健康。不选择低级庸俗、耸人听闻、荒诞离奇或令人反感的话题。

（4）不放冷箭。不在背后议论或诽谤他人。

2. 几种适宜的话题

（1）既定的话题。双方事先约定或其中一方已先期准备好的话题。

（2）格调高雅的话题。内容文明、格调高雅,能体现个人修养和知识特长的话题。

（3）轻松愉快的话题。谈话所涉及的内容是令人感到轻松愉快、饶有兴趣、易于应对的话题。

（4）时尚流行的话题。以当时流行、时髦的服饰、文艺、人物或已引起人们普遍关注的时事话题为主;要有相应的格调和层次,抒发独到的见解。

（5）自己擅长的话题。交谈双方或其中一方的研究心得、独到见解,以及可广泛交谈的话题。

（三）言谈内容要适度

交谈时,要把握好度,切忌内容不清不楚、没有主旨、不得要领、啰唆重复,更不能说太多与主题无关的内容,一定要言辞简洁。培根说:"内容丰富的言辞就像闪闪发光的珠子,而真正的聪明睿智却是言辞简短的。"衡量语言效果的标准如下。

(1)物理效应标准。交谈中传递的信息是否准确清晰。

(2)社会效应标准。交谈中所传递的信息是否会产生最好的社会效果。

以上标准都是为达到最佳交谈效果而服务的,以此来判断:如果你的谈话内容不能达到好的交谈效果,则应注意谈话内容是否多余。

(四)"羡余信息"的利用

羡余信息,是指信息传递中多说的话,也称多余信息或赘余词语。言语交谈中恰当的羡余信息能起到优化信息传递的作用,可以适当运用。有时候谈话中简单的一句赞美或祝福的话语会让客户如沐春风,心情愉悦,从而拉近与客户的距离,有利于工作的进一步展开。

在职场中,一个好的谈话者,一定要选择尽量符合双方特点和对方心理需求的言谈内容,语言要准确易懂,用词要巧妙含蓄,同时保持克制宽容,适时引出新话题。根据不同的对象选择不同的表达方式。不要随意许诺客户,但也不能搪塞客户。不说违反做人基本原则的话。还要善于倾听、赞美,以及适度展现幽默感,这样才能在职场交往中成为善于沟通的人。

(五)言谈内容的禁忌

(1)不非议党、国家和民族事务。

(2)不涉及国家秘密和行业机密。

(3)不打听交谈对象的内部事务。

(4)不背后议论领导、同事与同行。

(5)不谈论低俗话题。

(6)不打听交谈者和他人个人隐私。

(六)个人隐私"五不问"

与个人交流时,人们交流的话题内容往往会更加宽泛,但要注意除非交流对象自己愿意透漏外,一般不主动询问以下个人隐私。

(1)不宜问收入。

(2)不宜问年龄,尤其是女士。

(3)不宜问婚姻家庭。

(4)不宜问健康问题。

（5）不宜问个人经历。

温馨提示

把握好言谈的内容，对我们在职场交往中有莫大的帮助。

二、赞美与批评的艺术

赞美和批评，在职场中都是不可少的交流艺术。西方有句谚语："赞美好比空气，人人不能缺少。"赞美是激励一个人进步的重要因素之一，也是一个人内心深处的人性需求。在职场上，每个人都渴望被重视、被赞美。恰当、真诚地赞美他人可以大大激励他们的成长和改善自己的人际关系。除了恰如其分的赞美，有时候也需要适当的批评。如果批评的尺度掌握得当，会促进职场人际关系的和谐；掌握不当，则会造成同事间的隔阂。

【案例分享】

某大型企业招聘，董事长打算以超高年薪聘请一位助理。

在众多的应聘者中，不乏学历较高、经验丰富的优秀人才。经过一段时间的考察，各项条件并不起眼的小赵被录用了。许多人表示质疑：在众多的竞争者中，他并不是最突出的，为什么偏偏录用的是他呢？

董事长说："小赵这个人最大的特点就是善于夸奖别人，善于发现别人的长处，善于凝聚人心、调动他人的积极性，这是他最宝贵的本事。同时他也有自己的原则，遇到不守规矩的人，他会委婉地批评或者劝解，这是其他人所缺乏的一种能力。"

后来，小赵成了董事长最得力的助手，得到公司上下的一致认可。

专家解读

以上案例正如美国著名企业家玛丽·凯·阿什所说：赞美是一种非常有效而且不可思议的推动力量。小赵正是熟谙此道，才得到董事长和公司上下的一致认可，为自己的职业发展奠定了良好的基础。所以，要成为一个优秀的职场人士，就应该娴熟地掌握赞美和批评的艺术。

那么，怎样的赞美和批评才能让人们易于接受呢？

（一）赞美的艺术

1. 直接赞美

（1）赞美要真诚。发自内心真诚的赞美才会让人愉悦。否则，就会有"拍马屁"之嫌，令人反感。

（2）找准赞美点。每个人都有自己的个性，赞美别人时一定要突出个性，找到差异化的赞美点。比如对年轻人可以赞美他的能力、才干；对长者可以赞美他辉煌的过往；对学者可以赞美他的学识；对生意人可以赞美他的机智等。对那些处在人生低谷或者刚刚起步的人来说，我们恰当的一句赞美也许能在他的心里种下一颗小小的种子，随着时间的推移，种子会发芽成长，最后成就他的人生。雪中送炭的赞美可以改变一个人的人生。

（3）赞美要具体。赞美要找准对方的优点，切忌空洞、生硬的赞美。比如说"你挺棒""你真漂亮呀"这样的赞美比较宽泛，很难带来很好的赞美效果。可以具体到"您的包很有品位""您的眼睛非常明亮"等。这样的赞美能起到更好的效果。

（4）时机要合适。当别人刚刚开始努力做一件事时，赞美可以给他增添力量，这就是较为合适的赞美时机；假如领导正在生气，赞美可能会适得其反，显然时机不恰当。

（5）频率要恰当。在一定时间内，赞美他人的频率不能太高，次数越多，作用就越低。切忌不能轻易、频繁地赞美。

2. 间接赞美

掌握一些突破常规的、巧妙的赞美方式，往往会带来意想不到的效果，让赞美成为一种智慧。

（1）第三方赞美效果更佳。当事人不在场时，我们可以在第三方面前进行赞美，通过他人之口传到当事人的耳朵里，效果会比当面赞美更好。

（2）遇物加钱，逢人减岁。就是说遇到物品要称赞它更加贵重，遇到人要称赞他更年轻。这并不是虚情假意，而是基于普通人心里较能接受的原则。

（3）认可他人的兴趣。交谈中如果对方谈到他的兴趣爱好或得意之事，说明他渴望与你分享喜悦，也可以看成是他发出渴望被赞美的信号。正所谓志趣相投,肯定对方的兴趣也是一种赞美。

(4)赞美与之相关的人和事。往往我们会选择直接赞美他人。其实突破常规的想法,赞美和他相关的人和事,会收到意想不到的效果。比如赞美一个母亲时,可以选择赞美她的孩子;对领导或有身份的人,可以赞美他的战略、影响力、部下以及部门的工作等。这样的赞美听起来既不会太直接,又有内涵,效果会更加理想。

(二)批评的艺术

批评实质上是批评者与被批评者在思想与情感上的交流的过程。任何批评的良好愿望都必须通过准确的语言表达出来。虽然俗话说:"良药苦口利于病,忠言逆耳利于行。"但批评又往往会挫伤一个人的积极性,所以"忠言顺耳"可能更利于行。在职场中,能够让人听进去批评,并且心悦诚服地接受批评才是关键。因此,批评更需要讲究语言艺术。

那么,批评的艺术又有哪些呢?

1. 先赞美后批评

美国著名演说家戴尔·卡耐基说:"纠正对方错误的第一方法是——批评前先赞美对方。"任何人都会有一些优点,批评前先赞美能化解被批评者的对立情绪,使其乐于接受批评,从而达到预期的批评效果。

2. 选择适当的时机

双方都在气头上时,不宜进行批评。人在生气时智商趋近于零,等到双方都冷静后再批评收效会好一些。但也要及时,否则旧事重提,容易引起猜忌,震撼力会打折扣,改正力也会降低。

3. 批评方式因人而异

(1)批评同级:宜义正辞和,忌"声色俱厉"。同级之间彼此没有统属关系,开展批评容易使被批评者产生"多管闲事""故意找茬"的误解。因此,批评时既要有理有据、客观公正,又要和颜悦色,用平和的语气、中听的措辞,消除对方对批评本能的反感。宜采取商议式、双向交流式,多用"我想是不是这样""我个人认为""我觉得可能是因为""也许我的感觉不是很正确"等表述,委婉地表明自己的观点。忌用"声色俱厉""脸红脖子粗"等激烈的言辞批评的方式,这会严重伤害被批评者的自尊心,甚至引发强烈的反击。

(2)批评上级:宜间接委婉,忌"响鼓重锤"。上级在员工面前总是需要维护威严的,直言不讳地批评上级大多数人是难以接受的。因此,批评上级时,宜用商讨式、比喻式、迂回式,切忌"响鼓重锤"的直言式。

（3）批评下级:宜循循善诱,忌"电闪雷鸣"。上级批评下属是一种权利,更是一种责任,是为了下级有所长进,是对下级的关心和爱护。但是,上级绝不能因拥有批评下级的权力和责任而无视下级的人格和尊严。

上级在批评下属时,应该是说服而非压服,鼓励而非威胁,尊重而非歧视,要循循善诱而非"电闪雷鸣"。

（4）对年轻人,应语重心长,晓之以理,动之以情,通过讲道理、举事实进行批评劝诫。多用公司或老员工的案例加以辅助说明,让其更容易接受。

（5）对年长者,只需委婉提醒,点到为止。

4. 批评要注意场合

应尽量避免在大庭广众下指名道姓地批评,否则不仅无法达到批评效果,还会引发人身攻击之嫌。

5. 巧用批评艺术

（1）先调查,后批评。正确的批评要以事实为基础。

（2）七分肯定,三分批评。批评前先肯定对方的优点,为批评铺好路,才能达到预期效果。

（3）先聆听,后点评。避免一交流就怒发冲冠。

（4）控时间,忌唠叨。若非大错,批评应在五分钟内解决。

（5）只对事,不对人:就事论事,不论人品。

（6）多启发,少责怪:启发长远,责怪伤情。

（7）公开表扬,私下批评:正所谓"奖人于厅堂,责人于私室",应该考虑顾及对方颜面和自尊。尤其是一些性格比较脆弱的人,要晓之以理,动之以情,多做思想工作,效果才会更好。

 温馨提示

　　掌握赞美与批评的艺术,成为职场上受人喜爱与尊重的人。

三、文明使用语言

文明地使用语言是一个人文化修养、气质内涵的体现,也是对他人尊重的表现,更是人与人交流思想的基础。因此,文明地使用语言尤为重要。在职场中,与同事的交往、与客户的交流都要谨慎选择语言措辞和表达方式。

【案例分享】

某大型科技公司最近准备推选一名副总经理,主管赵劲与王莽都准备参选,两人平时能力和业绩不相上下,所以晋升谁,公司高层迟迟未作出决定。

一天,公司召开管理层会议,两名主管从办公室走出来陪同总经理边走边谈业务,准备去参加会议。走廊上,一名行政人员小敏正在为会议做准备,她抱着一大沓资料匆匆忙忙赶来。由于着急,一不小心撞到了总经理,资料也撒了一地,小敏赶忙道歉,并紧张地收拾资料。

见此情形,王莽顿时大声呵斥小敏:"眼睛长哪了?怎么不看着点?"此时的小敏更加慌乱,捡起的资料又七零八落掉在了地上。而赵劲则安慰说:"不要太着急,把资料分好,以免弄错了更麻烦。"小敏的心情很快得到了平复,很快捡起资料。

此次会议后,总经理提议,推举赵劲为副总经理,在员工民主测评中,他也得到了一致认可。

专家解读

道理很简单,在职场中,懂得文明、礼貌地使用语言的人,更容易得到机会和认可。语言表达是职场人士的第二张名片。交谈中,文明地使用语言,才能让对方产生愉悦感,从而欣然接纳你的建议和意见,让工作顺利进行。

职场中,文明使用用语需要注意以下几个方面。

(一)用语要妥帖

交谈是要让对方感到舒服,同样的意思不同的用语,会有不同的效果。比如问对方有没有听清楚。有以下几种语言表达方式。

(1)责问式:"你懂我说的吗?"让对方有被藐视的感觉。

(2)抱怨式:"你听明白我说的了吗?"把没听明白的责任归咎于对方。

(3)自省式:"不知道我说清楚了吗?"尊重对方。如果对方没听明白,可能是自己没说清楚。

很显然第三种用语最为恰当。在交流中,切忌使用命令、责问、抱怨式的语言。

（二）措辞要委婉

（1）尽量采用商量的用语。比如:"李经理,您看我们这批材料是不是先批一下?"

（2）尽量采用自谦的用语。比如:"张主任,您言重了,这是我应该做的。"

（三）先人而后己

（1）谈话时要顾及先后,请对方先说。比如:"这个问题很有意思,先听听您的高见。"

（2）发言完,要先问对方的感受。比如:"我说的这个方案,您意下如何?"

（四）要及时反馈

（1）对于别人传递过来的信息应该及时作出回应。比如:"这个问题,我会及时考虑,稍后给您回复。"

（2）对于别人给予的好意,应使用恰当语言表达谢意。比如:"您的建议对我很有帮助,谢谢。""非常感谢您的指教。"

（五）基本文明用语

那么,职场中基本的文明用语包括哪些呢?请参照国家提倡的"十一字"文明用语。

（1）称呼语。"您"。

（2）问候语。"您好"。

（3）请托语。"请"。

（4）致谢语。"谢谢"。

（5）道歉语。"对不起"。

（6）道别语。"再见"。

（六）敬语、谦语

（1）初次见面说"久仰"。

（2）许久不见说"久违"。

（3）等候客人说"恭候"。

（4）请人批评说"指教"。

（5）求人原谅说"包涵"。

（6）请给方便说"借光"。

（7）求人指教用"赐教"。

（8）向人道贺用"恭喜"。

（9）看望别人用"拜访"。

（10）宾客来访用"光临"。

（11）赞赏见解用"高见"。

（12）欢迎消费用"光顾"。

（七）文明、礼貌的称呼用语

1. 行政职务

（1）只称呼职务，如"董事长"。

（2）职务前加姓氏，如"李总经理"。

（3）职务前加姓名，如"李涛总经理"。

2. 技术职称

（1）仅称职称，如"教授"。

（2）职称前加姓氏，如"杨教授"。

（3）职称前加姓名，如"杨振教授"。

3. 职场泛尊称

（1）男性称"先生"，女性已婚或不明确其婚否称"女士"。

（2）未婚女性称"小姐"，但最好加上姓氏，否则会引起歧义。

（八）介绍的文明用语

1. 自我介绍

（1）正式的介绍中，单位、部门、职务、姓名缺一不可。

（2）除了名字，其他内容可随场合而调整，如："您好！我是大显通信北京分公司的常务代表，我叫王小兵。"

2. 介绍他人

（1）正式介绍："请允许我向您介绍……"

（2）非正式介绍："这位是……""这就是……""诸位，这位是我的……"

（3）介绍时,要将被介绍者所属的单位、部门、职务、姓名等介绍清楚。

3. 接受介绍

（1）接受介绍时,应起立握手,同时面带微笑目视对方,要问候对方并复述对方姓名,如"认识您很高兴,李先生""您好,张小姐"。

（2）没有听清对方名字时,可以说:"对不起,我没听清,请您再说一次好吗?"

（九）称颂用语

谈话中,必要时,中肯的赞美之词可以让交谈效果更佳。比如,"哇,这个点子真不错""这个想法,令人耳目一新"。

（十）幽默用语

恰当地运用幽默语言会增进彼此的感情。比如,去见老客户,为表达对他的想念可以说:"真是三日不见,如隔三秋啊。"通过别人引荐,刚认识的客户可以说:"真是百闻不如一见啊,久仰久仰。"

（十一）职场少用的称呼用语

（1）无称呼:在职场交往中,不称呼对方,就直接开始谈话是非常失礼的行为。

（2）不适当的俗称,如"兄弟""哥们儿"等。

（3）不适当的简称,如"南航""北影"等。

（4）地方性称呼,如"师傅""伙计"等。

（十二）用语或行为禁忌

谈话中,应尽量避免以下说法或字眼。

（1）你必须……

（2）你总是……

（3）又是你……

（4）你从来……

交谈中,要避免以下行为。

（1）不要始终独白。

（2）不要随意插嘴。

（3）不要与人抬杠。

（4）不要随意否定他人。

四、语气、语调、语速的驾驭

如果说一场成功的谈话是一首优美的曲子，那么，说话的语气、语调、语速则是组成曲子的重要节奏和调子。一个讲究语气、语调、语速的人，更能展现出他说话的艺术性和语言修养。

说话的语速太快或太慢，语言声调的激昂或低沉，对交谈的成败都有着极其重要的影响。在职场中更是如此。

 【案例分享】

小刘是一家百货公司前台收银员。她平时工作挺上进，但说话比较急躁。

一次，一位女顾客拎着刚买的东西，匆匆前来对小刘说："姑娘，你刚才把这两件衣服的钱，算错了30元……"

小刘没等顾客说完，就打断她，用非常强硬的语气急促地说："对不起，我们这里是结账时钱货当面点清，过后概不负责！"话说得让顾客一点解释的余地都不留。

这位顾客只好摇摇头无奈地说道："那好吧！也就不能怪我了，是你多找我30元钱，本来想还给你的，既然你这么说，我只好收起来了。"

这位顾客说完，转身就走了。事后，经理把小刘叫到办公室严厉地批评了一番，不仅从她工资里扣除算错的钱，还加倍进行了处罚。

 专家解读

以上案例可以说明，在工作交流中，别人还没把话说完，就不礼貌地打断；不弄清楚事情的缘由，就急于下结论；说话语气、语调不得体，都会导致交谈随时中断等问题。这些情况会让自己在处理问题时会显得很草率，严重影响工作效果，甚至还会遭到惩罚或解职。

那么，职场中与人交谈该怎样驾驭语气、语调和语速呢？

（一）语气的驾驭

说话的语气，是表达语义的重要手段，也是抒发感情的重要方式。同样一句话，用不同的语气来说，会产生完全不同的沟通结果。狭义地讲，语气专指说话人的语调高低。同时,语气也指说话的口气,表示说话人对某一行为或事情的看法和态度,是感情色彩的流露。

语气有四种:陈述、疑问、祈使、感叹。可以根据谈话的内容和目的来运用。

1. 陈述语气

陈述语气用于客观陈述事实,不包含强烈情感。如:"我的工作完成了。"

2. 疑问语气

疑问语气主要包括是非问句、特指问句、选择问句和正反问句四种。

(1)是非问句。是提出问题,要求别人回答"是"或"否"。如:"你是六点下班吗?"

(2)特指问句。是用疑问代词代替未知部分进行提问,要求对方就未知部分作出回答。如:"你觉得这个方案怎么样?"

(3)选择问句。是提出两种或两种以上情况,让对方从中选择。如:"你同意还是不同意?"

(4)正反问句。使用肯定和否定并列的方式进行提问,希望对方从中作出选择。如:"你动作快点行不行?"

职场中,应尽量选择前两种平和、友善的语气,而避免后两种责问、抱怨的语气。

3. 祈使语气

祈使语气表示说话人的建议、请求、邀请、命令等。包括两种说法。

(1)要求式:"请不要在办公室里抽烟。"

(2)禁止式:"不准在办公室里抽烟。"

很显然,用要求式的语气要适合一些。

4. 感叹语气

感叹语气是对事物、行为表示赞赏或否定,有强烈的情感色彩。这很适用于肯定和赞同对方,让交谈更加愉快。如:"这个想法真不错! 你表现得很棒!"

可以借助语气助词来表达情感。如:

(1)你确定要去(吗)?

(2)这个建议真不错(呢)!

(3)你的工作真棒(啊)!

（4）我们一起努力工作（吧）！

（二）语调的驾驭

语调即说话的腔调，就是一句话里声调高低、抑扬顿挫的搭配与变化。语调包括：升调、降调、平调、曲折调。

1. 注意语调的升降变化

讲话时要注意语调的升降变化，以准确表达自己的情感。升调表示兴奋、惊喜、号召、鼓动的情感；降调表示悲伤、冷峻、坚定、厌恶的情感；平调表示平淡、冷漠、无特殊情感；曲折调则表示情感的跌宕起伏。

同一句话用不同的语调说出来，意义大不相同，比如"知道了！"有以下四种情境表达。

A：这次的方案不错，继续努力，知道吗？

B：知道了！（升调）

被夸奖了表示出兴奋喜悦的情绪。

A：这次的错误不小，下次一定要避免，知道吗？

B：知道了！（降调）

被批评了表示出悲伤低沉的情绪。

A：帮我把材料拿过来，在抽屉里。

B：知道了！（平调）

日常工作，无情绪波动。

A：你升职加薪，这周末该你请客，不许赖账，知道吗？

B：知道了！（曲折调）

表示情绪比较复杂，让对方不用再强调了，自己不会赖账。

2. 注意音量控制得当

音量选择应与情感和谈话内容相关联，反映语言本身的特点。

（1）正常情况下，应使用大小适中的音量来交谈，既能让对方听得清清楚楚，又不会显得突兀。

（2）如果对方此时很生气，说话声也很大，建议不要以同样的音量作出回应。相反，你的声音要比对方低，引导他把音量降下来。

（3）对方困惑而拿不定主意时，你的音量一定要比平常稍大一些，这样有助于引起对方的重视，让你的语言起到主导作用，从而让对方听取你的意见或建议。

对音量理解的误区。

（1）音量越大就越能引起人们的注意。

（2）音量越大人们对所讲的内容就记得越清晰。

（三）语速的驾驭

我们通常所说的讲话的节奏指的是语言的速度。平时说话时，要注意根据不同的场合和内容，合理调整语速。

语速的驾驭要注意以下两点：

（1）节奏把握恰当。在平时说话时，要注意避免过快或过慢的习惯，否则当情绪变化，需要节奏表现快慢时，难度就会增大。一般谈话时，语速保持在120~140字/分钟比较合适。

（2）适当使用停顿。成熟的谈话者往往可以根据对方的语言节奏来调整自己的节奏从而使整个谈话过程非常融洽、默契。一般每说两句话后稍停顿一二秒钟较好。用好停顿可起到以下作用：集中对方注意力；强调该话语的分量；谈判关键点的力量交锋，看谁沉得住气。

第三节 职场人士的电话礼仪

一、拨打电话的礼仪

电话是现代人常用的通信工具。在职场中，电话礼仪很关键，它不仅直接反映着一个人的人品、性格和职场素养等，更影响着一个公司的声誉。因此，掌握正确的、礼貌待人的打电话方法是非常必要的。

打电话，看起来很容易，不就是对着手机或话筒跟对方交谈吗？不是和当面交谈一样简单吗？其实不然，打电话大有讲究。拨打电话的人是主动的一方，起着支配作用，所以一定要积极塑造良好的电话形象。

【案例分享】

小杨刚入职一家公司，一位同事要离职，正好跟小杨交接。为了让小杨熟悉公司场务，经理让她先打电话跟客户沟通一下。一天，小杨给其中一位客户拨打电话,情况如下。

电话接通后,对方说道:"您好!请问哪位?"

小杨:"我是小杨,请问李经理在吗?"

客户:"你是哪个小杨,找哪个部门的李经理?"

小杨:"我找销售部的李经理。"

客户:"对不起,李经理刚好出去了,你有什么需要我帮忙转告的吗?"

小杨:"李经理不在,那就算了,我再打吧。"

啪的一声小杨把电话挂断了。

专家解读

以上案例中,小杨拨打电话的礼仪显然很不得体:首先,她连自己是谁都没有介绍清楚;然后,要找谁也没说明白;最后,在对方礼貌地询问是否要转告时,更是不礼貌地拒绝,直接挂断电话。这种冒失行为,给对方留下了不好的印象,也损害了自己的形象,更损害了公司的形象。

那么职场中该怎样得体地拨打电话呢?

(一)拨打电话前应厘清思路

(1)你的电话是要打给谁?

(2)你打电话的目的又是什么?

(3)你想要说明几件事?它们之间的联系如何?

(4)你准备选择怎样的表达方式?

在通话之前,应该把对方的姓名、电话号码、通话要点等内容列举出来。这样可以避免在通话过程中出现现说现想、缺少条理的问题。

(二)拨打电话的流程

(1)礼貌问候,自报家门。基本用语:"您好!我是××公司××部门的××。"

注意事项:一定要先礼貌问候,清楚地告知对方你是谁。不能一上来就"喂",或是开口就说事情,让对方感到莫名其妙。

(2)询问对方公司名称、姓名、职务,确认通话对象。基本用语:"您好!请问××部××先生(女士)在吗?""麻烦您,请帮我找××先生(女士),谢谢!"

注意事项：必须确认通话对象，若是你要找的人接通电话后，应当重新问候。如对方不在，而事情不重要或不需要保密时，可请代接电话者转告。如果不方便转告，应向代接者询问对方的去处或联系方式，或把自己的联系方式留下，让对方回电。

（3）电话内容。基本用语："您好！××先生（女士），今天打电话是想向您咨询一下××事……不知您是否方便？"

注意事项：应先将想要表达的内容告知对方，如果是比较复杂的事情，请对方做一下记录，对时间、地点、人物、数字等内容要进行准确的表达。说完后还可重复所说内容的要点。

（4）结束语。基本用语："非常感谢您！谢谢！""麻烦您了！谢谢您！""那这件事就拜托您了，非常感谢！"。

注意事项：说话时语气要诚恳、态度要谦和。

（5）说完"再见"挂电话，轻轻放回电话听筒。这里要提醒大家注意挂电话的礼仪，应该谁先挂电话？建议：地位高者先挂、客户先挂、上级先挂、主叫先挂。

（三）拨打电话的要点

（1）选择恰当的通话时机。在非紧急事情时注意六不打：周五下午临近下班不打；周末不打；周一上班不打；用餐时间不打；休息时间不打；节假日不打。此外，打国际电话要注意时差，应约定致电时间。如不得已在不合适的时间打电话，那就需要致歉。

（2）注意通话时间的长短。遵循"三分钟"原则。长话短说，最好不要超过三分钟。

（3）通话目的要明确，确保周围安静，嘴里不含东西，表达要清楚、有条理。

（4）端正姿势，面带微笑，声音要清晰明朗。注意语气、语调和语速。嘴和话筒保持4厘米左右的距离，要把耳朵贴近话筒。

（5）在办公室打电话，要照顾到其他电话的进出，不可过久占线。下班时，不能利用办公电话打私人电话。

（6）打错电话时，应客气地致歉，不要立刻挂断电话。

（四）拨打电话的细节

我们打电话的目的一般是为了更好地与他人交流和沟通，以此来拉近彼此的距离。而电话本身是没有任何感情色彩的，所以，在拨打电话时，我们一定要给语言赋予感情色彩，达到使对方"闻其声，如见其人"的效果。拨打电话想要达到好的效果，应注意以下细节。

（1）避免感情机械化。有些人会错误地认为电话只是传达声音的工具，因此，在打电话时表情往往是机械、没有活力的。所以，对方从电话中听到的声音往往是平淡、呆板，甚至是不愉快的，自然通话效果不佳。我们应该在拿起电话时，就要用愉悦的声调传达出微笑和友谊，把感情传达给对方，达到理想的通话效果。

（2）把握好语调与语速。因为声音通过电话后音调会有一点改变。所以，在电话里语调、语速要适中。嘴要对着话筒，咬字要清楚；特别是说到数字、时间、日期、地点等内容时，一定要和对方确认。

（五）手机的使用

职场中，除了固定电话，手机的使用也同样重要。使用手机要注意以下几点。

（1）先拨客户的固定电话，找不到人时再拨手机。

（2）在办公室不宜设置怪异的手机铃声。

（3）不能随便动用或接听别人的手机。

（4）收到工作微信、短信应及时回复。

（5）参加会议或在公共场合应将手机调为震动或静音，尽量不接打电话或收发短信。

（6）注意安全：在飞机上、加油站等特定场合，应按规定不要使用手机或关机。

二、接听电话的礼仪

在职场中，接听电话是一项很重要的工作。与拨打电话相比，接听电话虽处于被动状态，但也不能在礼仪规范上有所松懈。拨打电话过来的人可能是你的上级，可能是合作方，也可能是对你很有帮助的友人。因此，受话人在接听电话时，无论对方地位尊卑，都应该谦和应对，以礼相待，不能随随便便。

一个热情、文明的电话接待会给人留下美好的印象,让人心情舒畅,进而愿意与你交往;反之,则会影响工作,甚至丢失客户。

 【案例分享】

某外贸公司销售部职员赵小姐,在公司干得不错,经理也有意要给她升职,并让她推荐接替自己的人选。这几天,赵小姐要请一周的事假,准备回老家送刚考上大学的小侄女去学校。为了不影响公司的正常工作,在征得经理的同意后,她请自己的好朋友萌萌暂时代理自己的工作。萌萌大学刚毕业,进入公司后也没有经过正式培训,对销售工作也比较生疏。赵小姐把工作交代给她,并叮嘱她一定要好好干,心想如果萌萌干得好,回来后就推荐她来顶替自己。

有一天,经理外出了,萌萌正在办公室打字,电话铃突然响起,在响了五六声后,萌萌才慢悠悠地接听电话。萌萌与客户的对话如下。

客户:您好,请问是某某外贸公司吗?

萌萌:是。

客户:我可算找到你们了。你们经理在吗?

萌萌:不在。

客户:你们是生产塑胶手套的吗?

萌萌:是。

客户:你们塑胶手套多少钱一打?

萌萌:1.8美元。

客户:1.6美元一打可不可以?

萌萌:不行。

萌萌说完,啪的一声挂上了电话。经理回来后,她也没有把来电告知经理,让很有可能的一单生意就这样黄了。

 专家解读

上例中,萌萌接听电话的礼仪显然很不妥:首先,电话响了很久才接听;其次,没有礼貌问候对方;再者,在对方询问产品价格上更是一口回绝,经理回来也没及时禀报。这样的做法不仅影响了公司的形象,更可能让公司损失了一名客户。可想而知,赵小姐回来知道此事后,也一定不会推荐萌萌来接替自己的位置。可见电话礼仪在工作中的重要性。

那么,职场中该怎样得体地接听电话呢?

(一)接听电话的流程

1. 接听电话的原则

(1)在电话铃声响两到三声时拿起听筒。如有特殊情况,铃声响四次以上才接听,应首先向对方致歉:"您好! 对不起,让您久等了。"

(2)每一次电话会谈都应从问候语开始。如"您好!""早上好!"等。

2. 主动报出自己公司的名称、自己的姓名和职务

如"我是××公司××部门的××。"

3. 询问对方公司的名称、对方的姓名和职务

如"请问您是哪位(哪里)? 我能帮您什么?"

4. 详细记录通话内容

应按照以下提纲记录。

(1)来电时间。

(2)来电者的公司名称。

(3)来电者的姓名。

(4)来电者的职称或职务。

(5)通话内容要点。

(6)记录人部门、姓名。

(7)备注其他事项。

5. 复述通话内容,以便得到对方确认

以下信息尤其要注意复述。

(1)来电者的电话号码。

(2)双方约定的时间、地点。

(3)双方商议的相关数字信息,如产品数量、种类、型号等。

(4)双方达成的解决方案。

(5)双方认同的要点,以及仍然存在分歧的地方。

(6)其他重要的事项。

6. 结束通话

应先等对方挂断后,自己再轻轻放回听筒。任何时候不得用力掷听筒。

7. 根据通话记录整理出电话记录单

要点如下。

(1)来电公司。

(2)对方电话。

(3)来电时间。

(4)来电内容。

(5)处理意见。

8. 呈报上级

程序如下。

(1)将电话记录单呈报上级。

(2)请求上级批阅。

(3)准确理解并接受上级批复的意见后再执行。

(二)接听电话的注意事项

1. 注意语气、语调和语速

接听电话时,音量要适中,语气、语调要柔和,让对方产生愉悦之感。说话速度不能太快,也不能太慢,应根据对方打电话的目的等因素来调整自己的语速,以应对不同的情境需要。

2. 说话时要面带微笑

平时我们在与人交流中,面带微笑与板着脸说话时,发出的声音是不一样的,尤其是在电话沟通中,对方虽然看不到接听者的表情,但可以明显感受到接听者的态度。亲切、明快的声音会让对方感到舒服、愉悦;而单调、古板的声音,则会使对方产生不悦,甚至是误解。因此接听电话时,除悲伤或非常严肃的话题外,一般情况下应面带微笑,让沟通能愉悦、顺利地进行。

3. 注意倾听

电话沟通与当面交谈不同,声音传输中,话语清晰度会受一定的影响,一不注意就会漏掉重要的信息。所以,接听电话时,认真倾听非常重要。如需打断对方时,应说:"对不起,打断您一下,我问个问题行吗?"在倾听和做记录的过程中,要礼貌地附和一两声,让对方感受到你在认真听。

（三）接听电话特殊情况处理

接听电话时如遇到以下特殊情况，应如何应对？

（1）接起电话，对方没有任何声音时，回答应是："您好，对不起，这里听不到您的声音，请稍后再来电，好吗？再见！"

（2）当接到一个有关场务咨询的电话，作为新员工对该项场务还不是很熟悉时，应答如下："对不起，先生（女士），我对该项场务不熟悉，我让其他同事帮您解答好吗？""对不起，先生（女士），请稍等，我帮您咨询一下"。

（3）当你正在接听电话时，如有人前来需要你接待或需要提供帮助时，应面带微笑，点头示意或辅以请坐的手势暗示来人，并表示将尽快为其提供帮助或接待。如来人有急事，应向来电者简单说明原因，表示歉意，并主动约一个双方都方便的时间再打过去。

（4）在接听电话时，适逢另一个电话打了进来，不要中断通话，而要向正在通话者说明原因，要他不要挂断电话，稍等片刻。接通另一个电话时，也要请对方稍候片刻或者请他过一会儿再打进来，或者自己过一会儿再打过去。等对方理解之后，再继续方才正接听的电话。

（5）当来电者要找的人正好不在时，应询问对方是否需要留言或留电话，以便稍后联系。应答如下："对不起，先生（女士），某某现在刚好不在，您是否需要留言或留电话。"当得到对方的许可后可以询问："请问您的单位是？电话号码是？尊称是？"做好留言记录，并边记录边重复对方留言，最后复述一遍。

三、代接他人电话的礼仪

在职场中，经常会遇到电话主人不在，而电话铃响个不停的情况，这时，作为同事或朋友就有义务为其代接电话。这也是同事之间互相帮助、团结友爱的表现。为了避免产生不必要的麻烦，我们应正确做好代转、代接电话的礼仪，为创造良好和谐的同事关系打下坚实基础。

那么，在帮人代接电话的礼仪中，我们应该注意哪些方面的规范呢？我们先来看下面两个电话情景事例。其中，A代表接听者，B代表来电者。

【案例分享】

情景对话一

A：××公司，您好，请问您找哪位？

B：我找××。

A：您好，他刚出去办事了，您找他有什么事？

B：那他什么时候回来？

A：不好意思，我不太清楚，您明天再打来好吗？（挂断电话）

情景对话二

A：××公司，您好，请问您找哪位？

B：我找××。

A：您好，我是××的同事，他刚出去办事了，请问您是哪位？

B：我是××，请问他什么时候回来？

A：不好意思，回来时间不太确定，请问有什么需要转达的吗？

B：请告诉他……／不需要，让他给我回个电话吧！

A：针对以上两种回答，有以下两种应答。

• 好的，等他回来我会转告他，感谢您的来电，再见！

• 好的，请留下您的联系方式，我会尽快让他给您回电话，再见！

专家解读

以上案例中，很显然情景对话二比对话一更得体，也更符合代接电话的礼仪规范。当我们代别人接电话时，要特别注意讲话的次序。首先要礼貌地告知对方自己的身份，再询问对方是何人，有什么事。但尽量不要询问对方和所找人有何关系，以免引起别人的反感。

下面我们就来了解代接、代转电话的礼仪。

（一）代接电话的规范

1. 代接电话是同事间的礼尚往来

我们每个人在办公室工作过程中，都会遇到不在时，别人帮我们代接电话的情况，作为礼尚往来，我们也要为不在办公室的同事代接电话，不能电话响个不停，却视而不见。

2. 代接电话要尊重双方的隐私

（1）帮别人代接电话时，不宜向来电者询问对方和他所找之人的关系。

（2）当打电话的人有求于己，要求转达某事给某人时，要诚实守信、要不曲解他人意思地转告，而且不对其他不相干的人提及此事。

（3）当所要找的人就在附近，也不要大呼小叫。别人接电话时，不要进行旁听和插嘴。

（4）在没有授权的情况下或不确定来人的身份时，不能随便将对方所找之人的行踪、私人手机号码等信息告诉对方。

3. 代接电话内容要记录准确

（1）如果对方要找的人不在，应先询问对方是否有意愿代为转告。如对方有此意愿，方可转告。

（2）最好要记录对方要求传达的具体内容，如对方的姓名、单位、电话、是否需要回电、回电的时间、通话要点等，免得事后忘记或有漏项。

（3）当对方讲完后，应再与其核实一遍，防止信息遗漏。

4. 代接电话内容要传达及时

（1）当电话主人回到办公室时，要及时把代接电话的内容传达给电话的主人，确保不会因未接到电话而影响电话主人的工作或学习。

（2）无特殊情况，最好不要把自己代人转达的内容，托他人转告。

5. 代接公司客户来电

代接电话时，若来电者是公司客户，一定要主动询问客户是否方便留言，千万不要用下列处理方式。

（1）××不在。

（2）××不在，明天再打来再试试吧。

（3）××不在，大概下午会在，下午您再打来看看。

如果客户要找的人不在，也要试探对方来电的目的，做好留言记录，以免错过公司业务往来。

（二）转接电话的礼仪

1. 把电话转接给他人时

（1）将对方的公司名称、对方的姓名确认并记录好。

（2）如果对方没有通报姓名，要询问："请问您是哪位？"如果对方坚持不说，也不要强求。

（3）用手捂住听筒并迅速转接。

（4）不再通过中间人转达自己听到的信息，应直接告诉受话人。如果不知道受话人号码时，可以把电话切断，等查好后再给对方打过去。

2. 要接电话者有事脱不开身时

（1）告诉对方要找的人正在接电话或脱不开身。

（2）请教对方的姓名。

（3）询问是否要等待。

（4）告诉受话人来电者的姓名。

（5）注意让对方等待的时间不可太久，限度是 20～30 秒。

3. 要找的人迟迟不能接电话时

（1）要先向对方道歉："非常抱歉，这边还要花点儿时间。"

（2）之后再询问对方："如果可以的话，我来转告好吗？"或者说："过一会儿让他给您打过去吧。"

（3）之后挂断电话，等要找的人有时间后再给对方打过去。

（三）帮上司接听和过滤电话的礼仪

1. 上司正在主持重要会议时

当上司正在主持会议时，不管接到什么电话，上司都不适合接听，可以请对方留下电话或要传达的信息。

2. 上司正在参加会议时

当上司正在参加会议时，如果有重要电话，非要上司立即处理时，可以记在留言条上，送进会议室，由上司决定是否要接听。

3. 上司正在与访客会谈时

如果访客是重要人士，不便打扰或是上司曾经交代不要打扰时，可以请对方留下电话或要传达的信息。如果是上司特别交代需要接听的重要电话，就可以记在留言条上，送进会客室，由上司决定是否要接听。

4. 上司有特别交代时

上司交代拒接某人电话时，应适当地婉拒对方，以不损害公司形象为原则，当然也不要让上司牵涉其中。可以说："对不起！主管正在与我们董事长（或总经理）谈话，不方便接听电话，请您留下联系电话，待会儿请他回电话给您。"一般来说，让对方知道指定人不愿意接电话是不合礼仪的，应权宜处理，以平息对方的怒气。

第五章

职场同事相处礼仪

第一节　与上级相处的礼仪

一、与上级相处的原则

作为一名职场人士,你是否知道,是谁在左右你的职场发展?除了自己的努力、同事的帮助,当然还有你的上级。一个好的上级,既是领导又是伯乐。如果你不懂怎样处理好与上级的关系,给上司留下不好的印象,那么在培养过程中可能会被边缘化。一旦如此,同事和客户也可能会将你边缘化,最后你可能就变成"孤家寡人",没有太大的发展空间。

因此,在现代职场,不管自己是否适应,都必须遵守它现有的规则,处理好和上级之间的关系。这无论是对自己还是对企业来说,都是一件好事。

【案例分享】

小陈和小张同时进入一家公司市场部工作,小陈在两年后晋升为部门经理,而小张还是一个普通员工。小张很不服气,一个劲儿地向同事抱怨上级不懂用人之道,自己工作认真努力,业务能力不比小陈差,凭什么不提拔他?

其实,部门的同事都清楚,小陈和小张两人从岗位工作经验和能力总体来说旗鼓相当:小张是相关专业毕业的,理论知识比较系统化,文笔佳、逻辑分析思维能力强;而小陈行业经验、实战经验更丰富。但是在性格上小张比较内向,做事低调;而小陈性格外向,善于沟通,思想活跃,处事也很有分寸。

小陈比小张更擅长与内部领导以及跨部门领导沟通，领导们欣赏他活泼的性格和处事方式，而且他和其他部门同事都有不错的协作关系，与外部合作伙伴和客户相处有道，张弛有度，为公司争取了很多不错的资源。就连和他们部门关系最密切的策划部的领导也更喜欢小陈，因为小陈很能领会领导的思路，沟通顺畅，合作得也愉快。

专家解读

上例中，不管小张服不服气，事实摆在眼前，懂得与人相处的人，会更受人欢迎。尤其是懂得与上级相处的员工，最终往往会成为别人的上级。想要做一个与上级相处愉快、得到上级赏识的下属，必须掌握以下七个原则。

（一）需要具备敬业精神

敬业精神是职场中永恒的话题，从与领导关系的角度来看，当前有相当一部分人就严重缺乏敬业精神，同时也有相当一部分人不善于表现自己的敬业精神。我们提倡敬业，但也提倡会敬业。

敬业应注意以下三方面的内容。

（1）对待工作要有耐心、恒心和毅力。

（2）苦干也要加巧干。我们提倡勤勤恳恳、埋头苦干的敬业精神，但也要提倡注重工作效率和采用得当的工作方法。

（3）敬业也要能干会"道"。"道"就是在工作上要有新意、有创新，让上级知道或感受到你不仅付出努力，也能看到你取得的成绩和展现的创新思维。

（二）懂得服从上级

从古至今，下级服从上级似乎是一条不成文的规定。一般上级交办工作时，作为职场人士应该是比较爽快地接受。但当我们将目光聚焦于现实时，却有很多桀骜不驯的"刺头"，甚至好多人在接受上级布置的工作时或多或少地露出畏难情绪。

职场中，服从上级工作安排应该是大力提倡的，而善于服从、巧于服从也不应忽视。

服从的技巧和艺术。

（1）要服从上级的安排，积极完成上级交办的工作。

（2）在完成工作的过程中，充分展示自己的工作才能，有才华且能干的下属更容易得到上级的关注。

（3）当上级交代的任务确有难度时，其他同事可能会有退缩行为，这时候自己更要有勇气站出来，显示你的胆略、勇气、担当和能力。

（4）主动争取上级的工作任务，很多上级有时候并不希望只是通过单纯的发号施令来推动下属开展工作。

（三）学会赞赏上级

赞美不是无谓奉承，而是要真心赞赏上级的才华与能力。

每个人都喜欢被人欣赏、被人尊敬，上级也不例外。真心诚意地表达对上级的钦佩，会和上级的关系更加融洽。

（四）善于请示上级

善于在关键处多向上级请示，征求上级的意见并寻求指导，这不仅有助于将上级的意志融入实际工作中，还能让上级随时掌握交办工作的进展。关键处多请示是下属主动争取上级指示的好办法，也是下属做好工作的重要保证。

何为关键处？即"关键事情""关键时刻""关键地方""关键方式""关键原因"等。

（五）维护上级的尊严

上级的尊严不容侵犯、不容亵渎。作为下属，在任何情况下都应该为上级留有颜面。职场人士应从以下几个方面维护上级的尊严。

（1）上级理亏时，可以直接沟通，但要给上级留个台阶下。

（2）上级有错误时，应私下沟通，不宜公开纠正。

（3）如果不是原则问题，尽量不冒犯上级的喜好和禁忌。

（4）不在背后对上级品头论足，特别是在同事之间。

（5）在上级面前要藏匿锋芒，不要太咄咄逼人。

（六）不抢上级的风头

（1）尊重上级的职位。在某些和上级一同出席的场合，应注意分寸，不可盲目表现自己，喧宾夺主。例如在新闻发布会上，上级作完报告后，如果有记者想采访下属，此时下属应当先请上级来接受采访，或在和上级沟通后再接受采访。因为上级可能会从问题的全局高度来进行考虑。

非紧急情况,尽量不擅自越权。上级一般都比较忌讳下属未经同意就做一些越级的事情,或者是在职权外的擅自行动。因此,遇到事情最好先和上级面对面或电话沟通。毕竟如果是下属做错了事情,上级也可能要承担责任。

(2)不抢上级功劳。每个人都有表现的欲望,特别是在取得一定成绩的时候,容易产生飘飘然的情绪。但作为下属,要尽量克制这种念头,在工作取得成绩时,不要独享独占。特别是当上级和同事们夸奖你的时候,更要感谢上级和同事的支持和帮助。事实上,个人的成就往往是大家支持和帮助的结果。

(七)工作独当一面

下属能独当一面才能让上级省心,上级才敢委以重任。

职场人士锻炼自己的工作独立性可以从以下几个方面入手。

(1)要有独到的见地和独特的思维方式。

(2)能够独立承担一些重要任务。

(3)敢于将其他同事忽略的事情勇于承担起来。

二、与上级相处的方法

人在职场,谁不希望自己能有一个好的发展呢?要想获得良好的发展,与上司的沟通相处就显得至关重要。每个人都希望得到上级的关心和理解,那么我们就要做到尊重上司,以赢得上司的赏识。一次开诚布公的谈话、一次正式会议的发言、一次危急关头的演说、一次详尽周到的接待,都可能成为上司发现你、欣赏你的良好机会。

我们常说:沟通是一门艺术。同样,与人相处也是一门艺术。而与上级相处沟通则更需要智慧和方法。合理把握好与上级的相处之道,可以提升你在上级心目中的地位,为职场发展创造良机。

【案例分享】

张明和李伟同时进入一家超市做采购员,张明在一年后晋升为部门经理,李伟仍然是采购员。李伟感到委屈,向总经理提出辞职。总经理认为李伟勤快能干,但是能否胜任部门经理还得画个问号。

　　于是总经理派李伟去采购土豆。李伟到市场见一个菜贩卖土豆,就返回向总经理报告说有卖土豆的。总经理问土豆的数量,李伟又到市场去数土豆的袋数,回来又向总经理报告。总经理接着问土豆的价格,李伟准备再去市场问价格。总经理说让张明去吧。张明回来报告:市场有一个卖土豆的,共有10袋,零售6毛一斤,10袋全买5毛5一斤,还可以送货上门,土豆质量也很好。张明还说该菜贩还卖西红柿,同时把土豆和西红柿样品都带回来了。李伟听完张明的汇报,很是惭愧,他终于明白了差距在哪里。

专家解读

　　上例中,张明和李伟本在同一起跑线上,拥有同等的升职机会,但因为在跟上级的相处中,李伟不会灵活领会上级的用意,而错失了升职良机。工作中,对上级下达的任务要多思考,做到举一反三,这是对自己工作能力的锻炼,也是与上级相处的重点之一。没有上级会喜欢戳一下跳一下的青蛙型下属。

　　那么,应该如何做好和上级的相处呢?

(一)认真领会上级的意图

　　在接受任务时,弄清楚上级的意图、指示和想法很关键。

　　(1)开会时,要聚精会神地听,认真记录,切不可交头接耳、玩弄手机。认真领会领导所传达的每一个细节,这也是对上级的尊重。

　　(2)上级给下级布置任务时,要尽可能地用"好""是""对""明白""没问题",来进行应答,对于不明白的问题或者有难度的问题可以进行询问或者是讨要办法。等到上级布置完任务后,要尽量将一些重要问题进行复述,以防漏掉重要信息。

　　注意:在上级布置工作任务时,眼神要和上级进行交流。切忌嬉皮笑脸或者一副满不在乎的样子。

(二)尊重上级的工作决策

　　(1)当上级作出决策或指令时,要尽力完成,并和上级的意图保持一致。

　　(2)如在执行过程中出现问题,要及时和上级沟通。切忌盲目自行作出决断。

　　(3)当提出问题后,如果上级还是坚持自己最初的意见,我们在执行过程中要尽量保持和上级随时沟通,如果问题严重应及时终止或将损失降到最低。

注意:事后如果上级认识到先前的决定错误,也不要抱怨或从此对上级的决定采取轻视态度,上级有时也会有决策失误,要多总结经验。

(三)忌当面批评或顶撞上级

(1)上级也是凡人,难免会有犯错误的时候。

(2)在公众场合,上级有做得不妥当的地方,应私下沟通。

(3)注意维护上级的尊严,若发现问题可以善意地提醒,上级往往会对此表示感激。

切忌:当面顶撞或者批评,让上级下不来台。上级的尊严受到很大的伤害,可能会造成后续工作合作上的困难。牢记古话:"扬善于公庭,规过于私室。"

(四)多向上级汇报请示

凡是和工作有关的事,应及时与上级沟通汇报。这样做可以让上级了解事情的进展,以便进行整体调整或布局。

应注意:汇报要高效准确、简明扼要。

(1)说出结果,让上级知道目前情况;

(2)再说过程或者遗留问题,让上级来协助解决。

切忌:在汇报过程中吹嘘自己的功劳。工作有成果时应该赞美上级决策的正确性,这样你在上级心目中的地位就会自然而然地上升。

(五)让上级做选择题

作为领导,他的工作应该是统筹、决策,没有太多时间去思考一个问题具体怎么解决。

所以,下属遇到解决不了的问题时,应该这样做:多思考,带着问题的答案去向领导询问,答案至少要两种。告诉领导每一种方案的优劣,以便领导作出决策。

为什么要让领导做选择题呢?

(1)领导最不希望听到的就是下属问:领导,您看这件事怎么办呢?

这么问会让领导觉得你一点想法也没有,进而质疑你的工作能力。

(2)正如前文所言,领导时间有限,笼统地问可能会导致事情没有解决彻底,或者不了了之。

带着答案,去让领导做选择题结果可能是:只需领导的一句"是"或"不是",事情就会妥善解决。

(六)把意见变成建议

在工作中我们难免会遇到一些想不通或者不能理解的事情。当遇到此类情况时,请一定不要气冲冲地走向领导办公室质问。这样只会让事情变得更加糟糕。我们应该把意见变成建议,或者是以请教的方式去和领导沟通,这样效果就会好很多。

(七)和上级相处避免"我"字当头

在和上级相处中,不管是汇报工作,还是聆听上级的指示,尽量用"咱们""咱""我们"这样的词语,避免"我"字当头,以免给人留下傲慢张狂的印象。

切忌:自以为是,总是对上级指手画脚;经常向上级发牢骚诉苦,让上级看到一个非常消极、没有自信的你。如果不注意这些细节,当有重要的工作或好的机会时上级可能就不会考虑你。

第二节　与同级相处的礼仪

一、与同级相处的原则

职场中,同级关系是一种横向的人际关系。同级关系可分为不同部门之间和同一部门内部两种关系。职场人士如果能够处理好同级之间的横向关系,也有助于进一步协调上、下级之间的纵向关系,让自己的整个管理机制和人际关系更加理想和顺畅。

而同级关系与上下级关系相比,具有两点明显的区别:一是在同级关系中,它不像上下级关系那样具有天然的领导权和统御权;二是所谓同级关系,就意味着两者之间,既是合作者,又是竞争者。这种复杂而微妙的关系,在现实工作中,可能导致难以和睦共事,甚至关系紧张。

因此,同级之间的相处,如果在一些问题上产生分歧和矛盾的时候,若处理不当,很容易产生隔阂,甚至产生矛盾,也会给工作带来不良的影响;但如果处理得当,则会增强向心力和凝聚力,形成共同的合力,推动工作的开展。

 【案例分享】

　　李丹和张梅是同处一个办公室的同级职员,两人关系一直不错。最近李丹和张梅同时做自己的策划案,由于李丹充分利用时间,方案做得很顺利。而张梅则延缓了进度。

　　这天,李丹清扫办公室后,张梅气冲冲地跑来,大声斥责李丹把她的文件放错了地方。李丹也按捺不住,与张梅吵了起来,还惊动了领导。事后,李丹通过了解才知道,张梅的婆婆、孩子最近同时生病,让她身心疲惫。

　　极富同情心的李丹歉意顿生,马上回到办公室,给还在生气的张梅沏了一杯茶,问她最近是不是有事需要帮忙,并主动帮助她把文件分类整理好。张梅见此,眼泪像开闸一般流出,向李丹诉说了自己的难处。李丹在力所能及的范围内,协助张梅很快赶上了工作进度,完成了工作。此后,两人尽释前嫌,和好如初。

　　专家解读

　　从上例中,可以看出,同级间的相处,应该以相互尊重和理解为前提,李丹是一个值得学习的高素质女性。如果她没有体谅张梅的难处,不主动向张梅道歉和沟通,化解两人的冲突,那结局便可想而知。没有和谐相处的办公氛围,自然也不会有好的工作成果。

　　想要与同级和睦相处,就要把握好以下五大原则。

　　(一)分清职责,掌握分寸

　　同级相处,应当分清职责,掌握分寸,不争权夺利,不推卸责任。

　　(1)如果是属于别人职权之内的事,自己尽量不去干预;而属于自己的责任,也决不推诿。

　　(2)应当由自己分管的工作,在自己力所能及的情况下,尽量不要麻烦他人;不应由自己负责的事情,要征得他人同意后再去帮忙,否则容易引起误会。

　　注意:那种见好事就争抢,见难事就推诿的行为,是破坏同事间相互协作的腐蚀剂,一定要防止和克服。

（二）相互尊重、相互支持

（1）被尊重是人的一大需要。同级之间相互尊重，对于协调彼此的关系十分重要。只有相互尊重，才能相互信任，平等合作，进而形成一种融洽的工作关系。

（2）相互支持是尊重的标志。在职场，同级之间，我们经常会遇到一些工作上的交集和合作。此时，如果大家能够相互尊重、相互支持，就能够相互配合，从而建立起牢固的"友好合作"关系。

（3）对同级之间需要协作处理的事务，大家应当尽量多沟通和协商，不要擅自做主处理，否则，既影响双方的关系，也会给工作带来不必要麻烦。

（三）严于律己、宽以待人

同级之间，由于工作比较密切，而且不存在等级差别，所以言谈之间也相对比较随意。正是这样也容易造成误会，交流的频率越高，发生矛盾和冲突的概率也越大。所以，大家要学会包容、学会理解。

（1）工作中，在认识自己时，应该少看长处，多看不足。在工作中，自己每取得的成绩，尽量将它看作是同事们积极支持、密切配合、共同努力的结果，而决不要以此为资本，向同级经常炫耀和显示自己的能力。

（2）与此相反，对待同级，应多看其长处，少看其不足，尤其不宜在公众场合随便议论同级分管的工作。对于同级取得的成绩，要为他们感到由衷的高兴，切忌心生嫉妒。

注意：同级之间，积极向上的、能推动工作发展的"良性竞争"心态，值得提倡；因心胸狭窄而产生的嫉妒心理会阻碍工作发展，由此而产生的"不良争斗"心理，则应坚决杜绝。

作为一名优秀的职场人士，应该很好地把握这一点。只有这样，同级之间才能形成互相信任、和睦相处的良性工作氛围。同样这也是个人优良素质和修养的体现。

（四）顾全大局、维护团结

同级之间，共事时间长，在工作中难免会产生一些矛盾。那么，在处理这些矛盾的时候，应本着顾全大局、维护团结的良好愿望，尽量不掺杂个人恩怨。毕竟，这是职场，应该将工作和个人感情分开，否则就显示不出专业素养。

（1）对一些琐碎的"小事"可采取不予细究的原则，以体现个人的气度。

（2）当遇到需要辨清是非的"大事"，处理时要坚持原则，讲究方式方法，尽量做到心平气和，以理服人，以礼敬人。

这样做，随着问题的妥善解决，同级之间不但不会伤了和气，反而会在新的基础上，建立起更加牢固的团结合作关系。战国时期，赵国重臣蔺相如与廉颇"将相和"的故事就是维护团结的典范。

（五）常通信息、有效沟通

同级之间，既然都是整个管理机制的一个组成部分，那么，就应该在工作上有着密切的联系，只有保持经常通气协调，及时有效沟通，才能有利于：

（1）相互团结、有效合作。

（2）彼此相互了解、相互信任、相互支持、相互合作，将误会和摩擦消灭在萌芽状态。

因此，工作再忙，也不要"忘"了主动向同级提供有用的资料、信息、情况和建议。

相信只要你能够坚持下去，就一定能够赢得同级的感激和回报。

二、与同级相处的方法

职场中，同一个单位工作的同级同事之间，处在同等的工作关系线上，接触频繁，难免会出现一些不和谐现象。大家相处越久，每个人的脾气、性格、优缺点也会暴露得越明显，容易产生一些误会，甚至较大的冲突。如果不妥善处理，就会酿成无法挽回的不良后果，严重影响工作的开展。因此掌握好与同级的相处之道，至关重要。

同级是工作中的伙伴和合作者，产生的矛盾多数都是因为工作而引起，而非个人恩怨。所以，同级间相处，一旦发现有不愉快的地方，应尽量找出双方的矛盾点进行深度沟通，及时消除不和谐因素，防止矛盾继续恶化。

【案例分享】

小梁是公司销售部的一名员工，为人比较随和，不喜争执，和同事的关系处得都比较好。但是，前一段时间，不知什么情况，同部门的小李老是处处和他过不去，有时还故意指桑骂槐，由两人合作的工作也都有意让小梁做得多。

起初,小梁觉得都是同事,没什么大不了的,忍一忍就算了。

但小梁的忍让反而让小李变本加厉,甚至还抢了小梁好几个老客户。于是,小梁忍无可忍,终于找小李理论。小李见小梁态度恶劣,也不甘示弱。两人你来我往,互不相让,甚至大打出手,惊动了整个办公室。后来才了解到,原来是有一次小梁不小心拿错了小李的调研报告,小李以为小梁是想窃取自己的劳动成果,所以才有了之后对小梁的种种行为。

然而,误会已酿成。此后,小梁和小李在办公室见面总是冷眼相对,仿佛成了死敌。

专家解读

上例中,小梁和小李没有掌握好同事之间的相处之道,尤其是小梁,当他察觉小李对自己的态度大有改变时,应该留心是哪里出了问题,主动找小李真诚地沟通,而不只是一味地忍让。而小李也应该把对小梁的不满开诚布公地讲出来,而不是背地里搞小动作。由于双方没有及时处理好问题,最终闹到不可收拾的地步,让两人从同事成了冤家。

与同级和睦相处应该从哪些方面做起呢?

(一)尊重同级、善待对方

相互尊重是处理好职场任何一种关系的必要基础。

(1)尊重每一位同事,真诚对待每一位同事,给自己营造一个良好的工作环境,这样工作才能够更加顺畅。

(2)本着善待对方、合作共赢的态度,多站在对方的立场上考虑问题。如果互相闹得不可开交,有一个人离开了,那么剩下的工作很可能就由你一个人来完成。

(3)如果在工作中与同级有了矛盾,就要在尊重同级的前提下,以工作为重,豁达地对待。同时采取主动的态度进行沟通,消除误会。

(4)君子成人之美,当同级在工作中遇到麻烦,在职责允许的范围内,要尽量伸出援助之手,热情地给予帮助。

现在的工作岗位流动很快,也许今天的同事过几个月就会调整到别的岗位,大家在一起工作也很难得,所以我们都要珍惜这样的机会。

（二）有误会先检讨自己

如果与同事之间的相处和沟通出现了矛盾或者误会，那么可以找同事诚恳地解释。

首先要检讨自己，态度要诚恳，说明原因或情况以求得对方的谅解，而不是一开始就指责对方，这样只能将矛盾进一步升级，不利于问题的解决。

沟通方式要平和，俗话说"伸手不打笑面人"，所以，和同事之间交流要尽量保持亲切的微笑、亲和的语言，这样沟通效果会更加理想。

在原则性问题上要是非分明，但在一些非原则性小事上，如果发生言语摩擦，应以职场为重，不要激化矛盾，即使有理也不妨让三分。

切忌放不下面子，让第三方传话，这样可能越传越走样，反而会激化矛盾。

（三）把握距离、掌握分寸

办公室里和同级既是合作的伙伴，也可能是竞争的对手。所以，在和同级之间聊天沟通时，一定要注意把握分寸，尽量不要涉及过多的隐私或者是他人的缺点。

注意：当交流中，涉及个人隐私时应保持中立或者沉默。

往往有人会在工作场合开始议论别人的隐私或者部门的不足，这时候尽量保持微笑倾听或者是沉默，不参与议论。也可以采取顾左右而言他的办法，巧妙地避开此类话题。

（四）相处因人而异，涵纳"百川"

在同级群体中，也可能碰到犯过错误的人，特别是反对过自己的人。相处中，在语言上要公正地对待他们，不计前嫌，宽容大度。如果表现得心胸狭隘、言语尖刻，则很难处好同级关系。这样的人不仅在人际关系上经常出现紧张状态，而且难以取得职场上的成功。

（1）对比自己能力强的人，要谦和尊重。

同级中，饱学之士大有人在，水平高、能力强的人可能就在你身边。对这些才学确实比自己强的同级，要心悦诚服地向他们学习，尊重他们，并如实地向上级反映和推荐。决不能对强者妒火中烧，进行打击和排斥。

（2）对资历较浅、能力差或存有一些缺点的同级，应语言含蓄，态度诚恳。

作为同级,任何人都不要"以己之长,量人之短",更不应体现在言语中。对能力差、资历浅的同级不应歧视、嘲笑,更不应在人前背后品头论足,而应采取适当的方法善意说明、暗示或转告等,帮助他们改进提高。

(五)做一个善于分享的人

经常和同级分享一些对工作和生活有用的经验、方法、所见所闻,让同级感受到你的价值。如此一来大家会更加拥护和依赖你,你也会慢慢成为人们的中心。这样才能更好地营造团结合作的氛围。

第三节　与下级相处的礼仪

一、与下级相处的原则

人际交往中,一个人受他人欢迎的最高艺术就是满足他人的需求。作为上级,要想让下级心悦诚服,不仅需要在工作上给予支持,还应该努力满足下级内心的需求。尊重下级、关心下级、爱护下级,是调动下级工作积极性的重要方面。上级要善于用理解、关怀、信任和宽容等方式体恤下级,以营造良好的工作氛围。

因此,在职场中要想成为一名出色的上级,就必须掌握与下级相处的艺术。这样才能获得下级的信任、尊重和支持,从而更好地推动工作。虽然上下级之间的礼仪难以做到尽善尽美,但只要了解相关知识,维持一种和谐、融洽的关系并非难事。

【案例分享】

王刚,任职于一家广告公司,因其出色的工作表现,不久前晋升为广告部创意总监。

新官上任三把火,刚刚升职的王刚工作热情高涨。但周围的同事们对自己的热度却似乎有些回落。更让王刚不适应的是同事对他的称呼,由原来熟悉的"刚子"取而代之变成了"王总",见面也总是客客气气,甚至有点躲躲闪闪。在他看来,升职只是公司给予自己的认可和更多的话事权,并不代表要和之前的同事们及办公室氛围划清界限。在之后的一次方案讨论中,大家一起"头脑风暴"讨论广告创意,当有他在时,下属似乎都有所畏惧,发言也没有以前积极了,要知道以前大家在一起讨论问题时,常常能碰撞出很多的火花。

王刚感觉到自己成了孤家寡人。于是,他决定要改变这种现状。

在一个周末,他约了几个以前特别熟悉的同事喝下午茶,也借此机会真诚地说明自己虽然升职,但还是那个"刚子",希望和大家一起把工作干好,实现多赢。同时,他也希望大家有什么问题都直接说出来,加强沟通,共同寻找解决问题的办法。

经过这次开诚布公的沟通之后,王刚与下属的相处逐渐融洽起来,而且下属又开始拥戴他。

专家解读

上例中,刚升职的王刚,身份从平级转换到上级时,让他很不适应与下属的相处,还好他及时诚恳地与下属沟通,表明立场,打破了与下属相处的僵局,进而受到欢迎和拥戴。

在职场中,任何人都希望被人接受、尊重和赏识,只要他能从你那里感受到真诚和美好的东西,就会感受到你的友善,你也会因此受到他们的欢迎和拥戴。

想要做一个被下级拥戴的上级,首先应该做到接受下级、赞同下级、赏识下级。

(一)接受下级

在一个团体中,下级如果能感觉到上级的认可、接纳和关心,找到了归属感和被尊重的感觉,就会把自己当成这个大家庭的一员,激发出主人翁意识,从而努力工作。这样,群体的凝聚力就会大大增强,上级的影响力也会有明显提升。

接受下级应做到以下几点。

(1)态度要和蔼。上级对待每一位下级都应该和蔼,这样就会得到下级同样的反馈。

(2)尊重下级的人格。人的心理基本需求之一就是希望得到别人的尊重。下级也是有思想、有感情的人。所以,上级应充分尊重下级的人格、了解下级的生活习惯、熟悉下级的兴趣爱好和生活方式等,真正了解他们,才能获得他们的尊重和工作上最大程度的配合。

（3）多关心下级。上级要帮助和关心下级,关注他们的工作与生活。在给下级分配任务时,应该设身处地为下级着想,避免让他们在不适合自己的岗位上工作,或者给他们制造难题。

上级要注意关心下级的发展前途。一个优秀的上级不只是给下级布置工作,也应该对下级有培训、提升、深造等一系列的安排,帮助他们成长,这样才能真正提高下级的素质。

（二）赞同下级

适时、适度地赞同下属是领导艺术,也是一种激励手段。

赞同有两层含义,一是认同,二是赞美。人总是把认同自己的人视为知己,正如古人所说的"士为知己者死",被下级视为知己的上级,也必定是群体中的精神领袖。

赞同下级应该做好以下几点。

（1）认可下级。每个人都渴望自己的成绩得到别人的认可,上级只有懂得认可下级,才能让其发挥积极性和主动性,从而创造更大的业绩。

（2）信任下级。上级的信任,是对下级最大的鼓励和支持。上级要本着宽以待人,容忍下级不足的原则,信任他们并给他们改过的机会。要善于发现下级的长处,委以重任,才会让其更好地行使职责,发挥其特长。

（3）充分听取下级的建议。在工作中,下级处于第一线,对实际情况的了解和掌握有时反而更透彻。上级的个人水平和能力毕竟是有限的,为了避免指挥失误,应当充分尊重和听取下级所提出的意见和建议。

（三）赏识下级

赏识比赞同具有更深刻的内涵。赞同是对过去行为的肯定,而赏识却饱含着上级对下属未来发展的期望,期望下属有更出色的表现,能够承担起更具挑战性的工作,负起更多的责任。这无疑会激发下属更大的潜能,使其创造出更为出色的工作业绩。赏识不仅可以融洽上下级关系,也能提升上级的管理水平。

赏识下级就要做到以下几点。

（1）适当放权给下级。让下级在其权力范围内独自处理事情,是欣赏和信任下级的表现。上级不能面面俱到,什么小事都管。但是什么工作该给谁负责、怎么负责,上级要做到心中有数。同时要做到既然把权力交给下级了,就应该放心大胆地让下级去做,而不要横加干涉。

（2）适当奖励下级。上级应该充分尊重下级的工作成果,对他们的努力和成绩给予充分肯定。该奖励的时候一定要奖励,这样才能提高下级的工作积极性,从而把工作做得更好。只要求下级努力工作,而不给予奖励,会令下级对工作产生惰性,对上级产生不满。

（3）适当地替下级分担责任。作为上级,在对下级的工作表示肯定和赏识的同时,也要及时指出其工作中的错误和不足,避免下级出现更大的失误,这也是负责任的表现。当事故出现时,要为下级分担责任,这样更能够得到下级的信任和敬重。

二、与下级相处的方法

在职场中,一名优秀的管理者,在与下级的相处中,一定不要故作姿态,给下级以高高在上的感觉。要懂得下级的情感需求,关注下级的内心感受,挖掘下级的潜能,调动下级的积极性,让大家自觉自愿地去工作。

作为上级,要明察秋毫,比他人观察得更细致、周密。对下级要尽心尽力,动之以情,晓之以理,才能在领导团队的工作中,做到游刃有余,事半功倍!

 【案例分享】

张萌毕业后进入一家外贸公司工作,她性格内向,与同事间总是保持距离。

一天,爸爸来电话说要来看她。

张萌在这城市没有朋友,为了让爸爸放心。她思前想后,最终来到总经理办公室求助。她结结巴巴地说能不能以公司名义请她爸爸吃顿饭,饭钱她自己出。总经理二话不说,立刻答应由公司请客。

果然,总经理热情地招待了她的爸爸,安排他入住酒店,又约了公司的中层一起吃了顿丰盛晚餐。两天后,张萌爸爸放心回家了。总经理又召开全体员工大会,讲了她的事,并谢谢她提出这样的要求,让他知道公司不仅是工作的地方,而且是每个人相互关心和爱护的大家庭。除了竞争、上进、利润和发展,还应该有家庭的温暖。总经理说完,向全体员工深深鞠躬。

此后,张萌工作更积极主动;同事间也团结和睦,工作业绩也越来越好。

 专家解读

上例中,总经理是位情商非常高的领导,从满足员工内心情感的需求出发,让张萌找到了在公司的归属感,从而更加努力地工作。其实在职场中,上级与下级相处,有时只需小小的投入,就可以赢得下级的信任和爱戴。

下面详述与下级相处的方法。

(一)尊重为首,人人平等

上下级虽然所处的工作职位不同,工作性质、待遇不同,但在人格上却是平等的。所以,和下级的相处与沟通要本着以尊重为前提,尊重下级,这样才能更好地调动下级的积极性。

(二)对下级要多鼓励少责备

下级在上级面前表现一般比较谨慎,不敢随意说话。

那么作为上级来讲,首先应该多鼓励、多引导,让下级把想说的话说出来,这样也便于上级了解下级真正的想法和目的。

如果上级一发现下级的一点错误,就一味地责备,那下级就会把想说的话都咽回去。

这样的沟通就会让下级变得更加封闭,不愿交流。上级也就很难了解到下属真实的想法,关系自然就会疏远,影响团队的凝聚力。

(三)重视下级的抱怨

当听到下级抱怨时,不能一味反对压制,应尽快了解为什么会产生这样的抱怨,问题到底出在哪里?如果下级的抱怨确实有原因,应该及时予以解决。

自己解决不了的,应及时向上级领导汇报,不要让抱怨积少成多,引起众怒,后果就会比较麻烦,甚至可能酿成大祸,影响到单位的大局。

（四）说话语气要充分信任下级

在和下级交流时，尽量避免使用质询的语气：是吗？是这样的吗？你说得对吗？

这样的语气会让下级有一种不被信任的感觉。

可以用：哦，是这样的呀？还有些什么呢？这样的语气是在征询和询问，而不是质疑，不会让人产生不信任的感觉。

（五）负面消息要委婉地说

如果有负面的消息，建议用委婉的语气告诉下级，这样可以降低对下级的伤害。

尽量这样讲：

这件事可能还有点麻烦，或是这件事本来运作得很不错，可是最近在某方面出了点问题，所以暂时受到了一些影响；

稍后我们再创造机会和条件尽量实现，我会想办法，你也要努力，争取尽快解决这个问题。

这样下级不仅不会抱怨和消极对待，还会更加努力地去工作，以期早日实现目标。同时也会降低负面消息对下级的伤害，有利于团队的运作。

（六）三明治沟通法，让批评不再难以接受

当下级工作中出现失误时，作为上级，一定要进行及时的批评指导。如果批评的语言过于直接，那么下级就会产生恐惧甚至愤怒。

建议大家用三明治沟通法。三明治就是在面包中间夹一些夹心。以此延伸，三明治沟通法就是：我们先说一些肯定的、好的一面，把意见或建议放在中间，最后提出更好的期待，以激励下级努力地工作，改正自己的错误和不足。

（七）无障碍沟通，可以拉近和下级的距离

我们在办公室一般是坐在办公桌的后边，来汇报工作的下级一般都是坐在你的对面，也就是桌子的另一边。那么中间隔着的一张桌子，就成了人际交往的一道屏障。

如果在桌子的侧面放一把椅子，拉近下级和你的距离，甚至是面对面没有中间的障碍物，这样沟通起来让人有一种促膝谈心的感觉，自然拉近了心

灵的距离,下级也更加容易接受你的意见和建议,成为你的追随者。

（八）给下级以正能量,让下级看到希望

作为上级,需要给下级描绘美好的未来,让下级看到希望和美好的前景。甚至可以搭建一些渠道和桥梁,把下级引入正确的轨道,让其健康、积极地成长。

这样会让下级觉得自己的努力是值得的,可以看到自己未来的前景,进而激励自己踏踏实实工作,在团队中会发挥更大的作用和影响。

第六章

职场人士的接待礼仪

第一节 接待开始前的礼仪

一、做好接待陪同准备

职场中,宾客上门拜访,不管是远道而来还是同城来访,最怕受到冷遇。接待中对宾客良好的陪同,既是对来宾的一种礼遇,也可以让来宾感受到关爱。另一方面,不管是普通来访者还是重要客人,来的都是客,我们都应做好接待陪同工作,因为这不仅代表着接待人员的素质,也代表着单位的形象。来宾会通过接待人员的表现来评价其所在的单位。

接待陪同,是给客人留下良好第一印象最重要的工作。给对方留下好的第一印象,也就为下一步深入接触打下了基础。

【案例分享】

豆豆是某企业市场部经理的秘书,经理安排由她来负责接待部门来访的客人。市场部每天来访的客人较多,因此豆豆每天的工作也比较繁忙。

有一天,经理约好的一位客人提前半小时到达公司。豆豆立刻通报了经理,而经理此时正在接待另一位重要的客人,所以让豆豆将对方请到休息室稍事休息。于是,豆豆陪同客人前往休息室。进门后,豆豆告诉客人:"经理正在接待一位非常重要的客人,请您稍等一下。"说完,豆豆还匆匆用手指了一下休息室的椅子,漫不经心地说了声:"坐吧!等会。"然后就自顾自地忙其他事情去了,客人的表情也瞬间变得冷淡。

专家解读

　　上例中,豆豆在接待陪同客人过程中的言谈举止,明显有不得体的地方。首先,对客人说经理正在接待一位非常重要的客人,这种说法对客人极不尊重,会让这位客人觉得自己是"不重要的"客人。其次,漫不经心地让客人坐下等待,这当然会让客人有被冷落的感觉。陪同人员要认识到所有客人都会认为自己是重要的。豆豆要对不能及时接待的客人表示歉意,并应恭敬地请其坐下等待,不应只是匆匆地请坐就离开。

　　职场中的接待陪同礼仪有哪些呢?

　　(一)接待陪同前的礼仪

　　(1)仪表应面容清洁,衣着得体。

　　(2)举止应稳重端庄,从容大方。

　　(3)要提前掌握客人的来访情况,明确接待方案,了解接待全过程。

　　(4)协调好对接部门和具体接待人,沟通好接待陪同的各个环节。

　　(5)快到约定时间时可电话联系来宾,必要时可到单位门口提前等候。

　　(6)接待陪同人员,要带客人去什么地方、路途大概有多远、准备去见什么人,都应提前主动和客人进行沟通,以方便客人有所准备。

　　(二)接待陪同中的礼仪

　　(1)陪同时。陪同人员应走在客人左前方一米左右,以示对客人的尊重。如果是主陪,可以与客人并排同行。其他随行人员则走在客人和主陪后边。遇到路口或转弯、路不平、上下楼梯等特殊的地方,应该用手示意并用语言来提醒客人,以便客人提前防范。

　　(2)上下楼梯时。陪同人员应与客人平行或稍居下方,防止客人摔倒。当遇到乘坐电梯、进出房门或转弯、地不平、地滑等情况时,一定要做到语言提醒或手势指引(图6-1,图6-2)。

　　(3)乘电梯时。如电梯有专人服务,应请客人先进。无专人服务时,如只有一位客人,可以让客人先进;如是陪同客人较多时,陪同人员应先进电梯,按住按钮,用手势和语言邀请客人进入。到达目的地时请客人先行(图6-3,图6-4)。

图　6-1

图　6-2

图　6-3

图　6-4

（4）进房间时。如门是朝外开的,陪同人员应请客人先进；如门是朝里开的,陪同人员应先进入,扶住门,然后再请客人入内。

（三）乘车陪同的礼仪

以五座小轿车为例。

（1）乘车时,陪同人员要先打开车门,并以手背贴近车门上框来护顶,然后再邀请客人上车,并用语言提醒客人小心碰头。

（2）待客人坐稳后，再关闭车门，吩咐司机开车。

（3）乘车时，客人和主陪应坐在司机后排的位置上，客人在右，主陪在左，陪同人员应坐在副驾驶的位置。

（4）车停稳后，陪同人员要先下车打开车门，再请客人下车。

（5）如为了让宾客顺路看清本地的一些风景名胜，也可以在说明原因的情况下请客人自行选择座位。但需要强调的是，即使是为了让客人欣赏风景，也不要让客人坐司机旁的位置。

乘车陪同的注意事项：如果遇到同时接待两位贵宾，陪同人员应先拉开轿车后排右边的车门，让尊者先上车，然后再迅速从车的尾部绕到车的另一侧打开后排左边的车门，让另一位客人从左边上车。如果只开一侧车门让两位客人先后钻进车里，既会让客人感到不便，同时也是非常失礼的做法。

（四）参观访问陪同礼仪

如果陪客人参观访问，陪同人员应至少提前 10 分钟到达集合地点。参观过程中，陪同人员应走在客人的右前方两三步的位置，时刻注意引导客人。在客人遇进出门、拐弯或上下楼梯时，陪同人员应及时伸手示意。当参观结束后，陪同人员应将客人送回驻地，并礼貌告别。

（五）用餐陪同礼仪

单独点菜或点饮料时，陪同人员应请客人先点。上菜或上酒水时，应遵循先宾后主、先女后男的原则。为客人先上，然后再为陪同人员上。

（六）接待陪同注意事项

（1）不论是集体活动还是单独与宾客相处，陪同人员都必须遵守有关纪律，严格执行请示报告制度，服从上级领导安排。

（2）在陪同过程中，陪同人员应主动寻找话题，适当陪客人聊天、寒暄，避免冷场，使客人感到尴尬。但为了防止喧宾夺主、言多语失，陪同人员与宾客相处时，一定要谨言慎行，宁愿少说、慢说，也绝不胡说、乱说。多谈天气、当地的风土人情，少谈或不谈单位或同事的八卦。要对客人有问必答，但要注意掌握分寸，不能随意越权许诺。

在车上时，要随时留意和观察，当客人在休息或明显表现出疲惫状态时，不应再打扰。

（3）与宾客共处时，要口头保密与书面保密并重。切勿在宾客面前议论内部问题,有关内部情况的文件、资料、笔记、日记乃至笔记本电脑,非因公尽量不要随身携带,更不要交与他人看管或直接借给他人。

（4）与宾客共处时,陪同人员应不卑不亢,并与之保持适当的距离。既要在生活上主动关心、照顾对方,又要维护自己的人格尊严。切不可向宾客索取财物,或在其他方面随意求助于对方,也不要对宾客的一切要求不加任何区分地有求必应,难以决断时,要请示主管领导。

（5）参观访问中,指定的陪同人员不宜过多,中途尽量不出现换人或不辞而别的情况。

二、接待陪同引导礼仪

引导是接待陪同中的基本工作。比如引导客人出席仪式、赴宴、会见、会谈、就位、入席等。职场人士,在担任接待工作时,应懂得基本的引导礼仪,掌握正确的引导方法和要领,带领客人顺利到达目的地。

【案例分享】

一位企业领导曾向我讲述过他的一次尴尬经历。

有一次,他去某下属企业进行调研,来机场接待陪同的是下属企业的办公室主任。从机场来到办公大楼后,办公室主任陪同引导这位领导去办公室。这时,这位领导突然"内急",就问洗手间怎么走。办公室主任站在那里,原地不动地"热情"告诉领导:左拐,右拐,左拐,再左拐,然后就是了。

结果,这位可怜的领导找了好半天也没找到,只好作罢,暂时咬牙强忍。着实尴尬!

专家解读

上例中,客人带着诚意和善意而来,却遭遇不专业的接待,客人感受很差。平心而论,有时并非陪同人员有意而为,而是由于他们没有掌握正确的礼仪规范,从而给客人造成了误解和不便。那么怎样做好陪同引导礼仪呢?

（一）引导者的要求

（1）引导者的穿戴要整洁大方。服饰色彩宜中庸,不宜过分艳丽,更不能花枝招展,但也不要土里土气。女性引导者宜着西装套裙或套装,不宜着奇装异服。男性引导者的服装以深色西装为主调,根据活动内容,可适当调节领带颜色。

（2）引导人员的态度。要礼待宾客,既要态度和蔼,行动敏捷,答问简洁、准确,服务周到、细致;又要不卑不亢,落落大方。切不可点头哈腰,低三下四。

如果是引导外宾,则应该懂得相应的外语,便于交流。

（二）引导的要领

1. 要自报家门

见到宾客,首先要自报家门。

如"您好! ××董事长（先生/女士）。我是××单位公关部的工作人员张某,您叫我小张就可以。今天的会见安排在××厅""请随我来""请注意台阶"等。

2. 引导手势

引导时,可适当使用手势指示方向。手臂向外侧横向摆动,指尖指向引导的方向。微笑友好地目视来宾。

切不可像交警指挥交通一样,反复频频使用手势招呼客人,或高声喊叫,让客人跟自己走。

3. 引导者与宾客保持的距离

引导者应在宾客左前方约一米距离处带路前引,并不时回头观察宾客是否跟上。在引导时,不宜距离宾客身体太近,以免让他们感到压迫感;也不可距离太远,如距离太远,会让宾客觉得引导者并非专门为他们服务;引导者步伐不宜太快,在拐弯处、楼梯口可稍慢些,并提醒宾客注意安全。

4. 周全的照顾

以照顾好主宾为主,同时也要适当照顾其他陪同人员。如果贵宾不主动握手,引导者也只需点头招呼一下即可,不必贸然握手。

5. 必要的搀扶

在我国,我们习惯对年长的宾客进行搀扶,这被视为对年长者的尊敬。但对外国老年人,特别是西方人士,不可盲目搀扶,只在其明确需要时,才可搀扶。因为在西方,忌讳别人把自己当成老人。

6. 适当的提醒

如遇到地毯接缝、地面不平等问题时,要及时提醒客人注意安全。

（三）引导行进

行进中,引导者应侧体走在客人左前方一两步左右,同时要保持和客人的步速基本一致。

如客人并排前行,引导者应注意尽可能行走在主宾的左前方。

如主宾有夫人陪同,最好让夫人处在主宾右侧,其他随行人员应紧随其后。

如通道狭窄,需单排前行,即前后一条线,可有两种选择：

（1）为尊重起见,让主宾走在前头,引导者紧随其后；

（2）仍可由引导者带路,但要不时回头观察客人是否有需求。

行进中,客人如有问话,引导者应面向客人,简明扼要回答。

1. 在走廊上引导时

通常走在客人的左前方一米左右的位置,让来宾走在中央,同时要不时侧身回看照顾客人,在转弯处要伸手示意,并说"这边请"。

2. 在楼梯上引导时

楼梯应从右侧上下。上楼时,引导者要走在来宾的侧后方一两个台阶处并紧随其后。下楼时,引导者应走在来宾的侧前方一两个台阶处。这样来宾发生意外时,引导者可以及时给予帮助。

3. 在电梯间引导时

电梯如有专人负责操作,引导者应让客人先进入电梯,进入的顺序是主宾、女宾优先,然后是其他人；如果电梯无专人负责操作,引导者应先进入电梯,并按住电梯控制钮,保持电梯门敞开,再请宾客进入。由引导者负责启动电梯上、下按钮。因电梯内空间狭小,每个人应尽量减少所占面积。实在拥挤时,也应尽量不面对面靠近他人,以免相互尴尬,以背部或侧面接近为好。

在电梯内,如还有其他人应尽量少说话或不说话,以免影响他人。

若乘扶梯,应靠右站立,让主宾在前。不可站在扶梯中间,以免挡住急于前行的人。

实在有急事需要说话时,引导者应尽量离主宾近些,以便照顾或回答主宾问话。但引导者说话的声音要低,同时尽量把嘴避开主宾脸部,以免唾沫溅到客人脸上,或让宾客闻到自己口腔中的不良气息。

走出电梯时,应尽量让主宾、女宾在前。

4. 进入大楼时的引导

如有衣帽间,特别是冬天,客人穿着比较厚重时,可先征求客人是否要将大衣存放在衣帽间。带领客人到达会客室门口时,应主动介绍这是什么地方,然后为来宾开门,让客人先进入。及时告知领导客人到达情况。

见到主人,首先将客人引荐给主人,即先介绍客人,后介绍主人。

宾主见面寒暄后,引导主宾就坐于右侧座位上,其他客人则依次坐在主宾右侧,但不必一一引领。所有人员落座后,如无必要留下,引导者可先退场。

5. 送客时的引导

引导者不应离开会场太远,应及时掌握宾主谈话进程,一旦会谈完毕,应马上出现在会客室里。待宾主告别后,及时引导客人离开。一般应送客人至停车处,与客人握手告别后,再为客人打开车门请客人进入。待客人汽车启动后挥手致意,目送客人离去后方可返回。

第二节　接待过程中的礼仪

一、称呼礼仪

称呼礼仪是接待过程中必不可少的一个环节。称呼是人际交往的通行证,也是建立人际关系的第一座桥梁。在接待过程中,接待人员对接待对象所使用的称呼,往往备受对方的重视。选择正确、恰当的称呼,不仅反映出接待人员自身的素养,更表现了对来宾的尊重和友好。接待中,一声充满感情而得体的称呼,不仅体现出一个人待人礼貌诚恳的美德,还能让对方感到愉快、亲切,易于交融双方情感,为双方进一步交往打下基础。所以,称呼使用得是否妥当,对接待双方的交往会有不小的影响。

【案例分享】

张海是某大型国有企业的总经理,由于工作接待需要,经常出入于宾馆或饭店。某宾馆大堂经理王玲在场务中跟张海接触频繁。每次见到张海,王玲总是张总、张总地叫着,一来二去两人就更加熟识了。于是张海对王玲说道:"以后别那么客气! 太客气显得生分,以后就叫张哥吧。"

一日，上级领导来企业视察工作，当张海陪同领导来到宾馆大堂时，王玲又赶忙迎上来热情地招呼道："张哥，您来了啊！欢迎欢迎！"

同行的领导一行人听着这称呼，眼睛里透出疑惑的目光，张海看到领导的表情也一脸尴尬。

专家解读

上例中，王玲作为宾馆大堂经理，对张海的称呼出现了不合时宜的情况。如果是平时与张海相遇，可以用此称呼。但面对张海和上级领导一行人时，在正式的接待场合下，掺杂了私人交往中的称呼，就会引起误会和尴尬。那么，在接待工作中怎样做好称呼礼仪呢？

（一）称呼的原则

在职场中，人际称呼是很有讲究的，我们需要慎重对待。称呼不仅可以反映一个人的身份、性别、社会地位和婚姻状况，也可以反映出对对方的态度和亲疏关系。同样，不同的称呼内容也可以使人产生不同的情态。因此，使用称呼语时要遵循以下三个原则。

1. 尊崇原则

在我国，一般来说人们都有崇大、崇老、崇高的心态，如对同龄人，可称呼对方为先生、小姐；对年龄大的尊者、长者，可称呼老师、前辈。

2. 适度原则

通常要视交际对象、场合、双方关系等选择恰当的称呼。在接待场合，一定不把私下称呼随口道来，如张哥、李姐、王师傅等，都是不太合乎礼仪规范的称呼。

接待称呼，还要注意亲疏远近和主次关系。一般以先长后幼、先高职务后低职务、先女后男、先亲后疏为宜。

3. 礼貌原则

每个人都希望被他人尊重。合乎礼节的称呼，正是表达对他人尊重和表现自己有礼貌修养的一种方式。

接待时，称呼对方要用尊称。

现在一般常用的称呼有：

"您"：您好！您请；

"贵"：贵姓、贵方；

"大"：尊姓大名、大作（文章、著作）；

"老"：李老、赵老、您老辛苦了；

"高"：高见、高寿；

"芳"：芳龄、芳名等。

在交际场合对任何交际对象都忌用诨号、绰号。

（二）称呼的方式

在接待中，要根据对方的身份、地位、职场、年龄、性别等恰当选择称呼。

在职场，一般有以下几种称呼方式。

1. 性别性称呼

根据性别的不同，可以称呼"小姐""女士""先生"。"小姐"是称未婚女性。"女士"是对女性的一种尊称。在不确定是已婚还是未婚时，可以都称"女士"。在称呼"小姐"时，应尽量加上姓，否则，可能会引起歧义。

2. 职务性称呼

以接待对象的职务相称，以示与他人的身份有别、敬意有加，这也是一种最常用的称呼。职务性称呼一般有以下两种情况。

（1）姓氏＋职务，如"赵经理""孙主任"等。

（2）姓名＋职务，如"赵某某部长""孙某某主任"等，主要用于特别正式的接待场合。

3. 职称性称呼

这一般是对有职称者的称呼，尤其是具有高级、中级职称者，可以称姓氏加职称，如"冯教授""陈工程师"等。

4. 行业性称呼

对于从事某些特定行业的人，可以称姓氏加职业，如"魏老师""韩律师"等。

5. 简称的使用

一般在使用职务性称呼时，对带有"总"字的头衔可用简称，如"李总""周总"等。

如果是副职，在称呼时一般可去掉"副"字，如"王副经理"，可称"王经理"。

在职称、行业性称呼中，对工程师、律师也有如"陈工""韩律"等简称。但是要提醒您：在特别正式、隆重的接待场合，不能使用简称。

（三）涉外接待称呼礼仪

在涉外接待中，遵循国际通行的称呼惯例。

（1）对成年男子称先生。

（2）对已婚女子称夫人或太太。

（3）对未婚女子称小姐。

（4）对年长但不明婚姻状况的女子或职场女性称女士。

这些称呼均可冠以姓名、职称、衔称等，如"上校先生""史密斯小姐""怀特夫人"等。

在涉外场合，还应避免使用容易引起误会的一些称呼。如：我们中国人常用的"爱人"这个称谓，在英语里是"情人"的意思，大家在使用时切记要分清场合，否则，容易引起误解。

（四）称呼注意要点

在职场的称呼中，应注意称呼中的姓氏避嫌。如遇上姓"傅"和姓"戴"的领导，您叫"傅董事长"和"戴总经理"，对方肯定不太高兴。因为外人一听，可能会误以为他是副职或临时代办呢。如遇到这种特殊情况，称呼时可略去姓氏，直接称呼"董事长"或"总经理"即可。如某领导姓"贾"，最好不要随便张口就来"贾董事长"，以直呼"董事长"为宜，否则难避调侃之嫌。

此外，姓氏避嫌，还需注意以下两点。

（1）误读，即念错姓名。为了避免这种情况发生，在称呼中，如果遇到不认识的字或双音字，应事先查阅资料，如是临时遇到需要称呼的情况，就要谦虚请教。

（2）误会，主要指对被称呼者的年纪、辈分、婚否以及与其他人的关系作出错误判断。比如，根据外貌就叫别人"大叔"或"阿姨"，往往会让对方不悦。那么，在对被称呼者的上述信息不能作出准确判断时，应尽量回避这样的称呼，待后续信息得到确认时再作出准确的称呼。

二、介绍礼仪

介绍，是职场中的一种常用礼仪，也是人们为了相互结识彼此或为让他人之间相互结识的一种形式,包括自我介绍和为他人介绍。在职场中,把自己的相关情况告诉对方是自我介绍;把其他人的相关情况介绍给双方或多方,则是为他人介绍。规范而得体的介绍可以使彼此都感到愉悦,新相识者可以很快进入熟悉的状态。因此,掌握正确的介绍要领,可以为双方以后进一步交往创造一个良好的开端。

【案例分享】

某公司与博哲企业的合作很顺利,于是该公司总经理王先生决定携夫人,一同前来博哲企业进一步参观考察,准备建立长期的合作关系。

李强作为博哲企业公关部的成员,陪同公司的张总经理前来迎接。在机场出口见面时,李强想着女士优先,于是首先热情地为张总经理介绍道:"总经理,这位是王总经理的夫人。"然后又为张总经理介绍了王先生。

最后才对王先生夫妇介绍道:"王总经理,王夫人,这位是我们公司的张总经理。"只见张总经理面无表情地与王总经理及王夫人握手问好。

事后李强却被张总经理严厉批评了一番,如此这般地指出了他在接待中存在的问题,李强才了解到自己的介绍礼仪出了差错。

专家解读

上例中,李强作为接待人员,在为他人介绍时,应该首先作自我介绍,否则会让来宾觉得唐突,不知道他是谁。而且为他人介绍的顺序也不太恰当,这属于商务场合,正确的顺序应该为:先将张总经理介绍给王先生和王夫人,再将王先生介绍给张总经理,最后将王夫人介绍给张总经理。可见,接待过程中介绍礼仪是大有讲究的。

下面我们就来详细了解介绍礼仪。

(一)自我介绍

商务接待中,接待人员首先应向来宾进行自我介绍,让对方对自己有所了解,然后再为他人介绍。

自我介绍应注意:时间、态度、内容三要点。

(1)时间:见到来宾的第一时间应作一个简短的自我介绍。

(2)态度:要亲和自信,面带微笑,眼神注视对方。

（3）内容：介绍的内容应包括姓名、供职的单位、担任的具体工作等。

如：××经理（先生/夫人），您好！我是××公司公关部的职员××，负责此次接待工作，欢迎您到我们公司参观考察。

（二）为他人介绍

为他人介绍时，接待人员在为他人介绍之前应先了解双方姓名、身份。注意突出双方的身份、职务，特别是双方的头衔和身份，这也是被介绍双方都希望尽早了解的，以便寻找相关的话题。

介绍顺序的基本原则如下。

（1）让尊者先了解对方。

（2）把男士介绍给女士。

（3）把晚辈介绍给长辈。

（4）把主人介绍给客人。

（5）把未婚者介绍给已婚者。

（6）把职务低者介绍给职务高者。

（7）把同事介绍给客户。

（8）把个人介绍给团体。

（9）把晚到者介绍给早到者。

在口头介绍时，应先称呼长辈、职位高者、客人、女士、已婚者、先到场者，再将被介绍者介绍出来，然后介绍先称呼的一方。即"尊者居后"，以表示尊敬之意。比如：张主任，这位是××单位的赵方。这是××公司的张主任。

请注意：如果接待客人到办公室，应先把客人介绍给主人，这是为方便主人知道对方是谁，应以何种方式接待。在其他主方场合下，应先把主人介绍给客人，以示对客人的尊重。

1. 介绍时要有开场白

介绍人在作介绍时要先向双方打招呼，使双方有思想准备。介绍语宜简明扼要，并应使用敬辞。

在较为正式的场合，可以说："尊敬的××先生，请允许我向您介绍一下，这位是……"或说："赵处长，这位就是我和您常提起的李律师。"

在介绍中可以对双方有溢美之词,但要避免过分赞扬某个人,以免给另一个人留下厚此薄彼的感觉。

2. 介绍人的神态与手势

在为一方作介绍时,介绍人应微笑着用自己的视线把另一方的注意力吸引过来。正确的姿势应该是上体前倾15°左右,掌心向上,胳膊略向外伸,指向被介绍者。介绍人切忌用自己的手拍打被介绍人的肩、胳膊和背等部位,这在正式场合属于不礼貌的行为;更不能用手指指向被介绍的任何一方。

（三）被介绍人的做法

作为被介绍的双方,在介绍人给自己介绍别人时,应表现出有意愿结识对方的热情,双方应正面相对,相视而笑。在被介绍时,除了女士和长者外,一般都应该站起来,以示对对方的尊重。如若是在会谈进行中或是宴会等人比较多的场合,就不必起身,可略微欠身微笑致意。

如场合方便的时候,当介绍人介绍完毕后,被介绍的双方应握手致意,面带微笑并寒暄,如"您好""很荣幸认识您"等。如有必要可互换名片、留电话、加微信等,以便日后进一步联系。

（四）集体介绍

如果被介绍的双方,其中一方是集体,另一方是个人时,应根据具体情况采取以下几种不同的介绍方法。

（1）将个人介绍给团体。这种介绍方法适用于重大场合中,一般是对身份高者、年长者和特邀嘉宾的介绍。

（2）将团体介绍给个人。这种介绍方法一般适用于正式场合中,如领导者对劳动模范或有突出贡献的人进行接见。这种介绍方法还适用于两个处于平等地位的交往集体的相互介绍;或者是开大会时主席台就座人员的介绍。在介绍时,尽量不随意介绍,以免让人产生厚此薄彼的感觉,影响情绪。

此种介绍的基本顺序有以下两种:按照座次或队次来介绍;按照身份的高低顺序来介绍。

（五）介绍注意事项

（1）要实事求是,掌握分寸,不要胡吹乱捧,以免让被介绍者尴尬。

（2）要口齿清楚,咬准易混的字音,如"王"和"黄","刘"和"牛"等发音容易混淆的字眼。

（3）切忌把复姓当作单姓，以免引起误读，如把"欧阳明"称为"欧先生"。常见的复姓有"欧阳""司徒""司马""上官""西门""诸葛"等，要注意掌握。

（4）当两位客人正在交谈时，切勿立即给其介绍别的人，如确有必要可征得客人的同意。

三、奉茶礼仪

在我国这个有着数千年文化的礼仪之邦，"以茶待客"向来是最为普及、最具平民性的日常生活礼仪。饮茶在我国，不仅是人们的一种生活习惯，更是一种源远流长的文化传统。

现代社会，以茶待客，更成为职场中普遍的往来礼仪。尤其是在接待活动中，了解并掌握好奉茶礼仪，不仅是对来宾的尊重，也能体现自身的修养，以及个人所在企业的待客之道。

【案例分享】

李丹是一个大学毕业不久、刚进入一家广告公司工作的新人。她年轻、率真，对工作充满了热情。

近期，公司承接了一个很大的广告案，合作企业的总经理和业务代表一行要前来洽谈。由于公司人手紧张，领导安排李丹也参与接待工作。为了表现出色，李丹在为客人奉茶前，认真仔细地将茶具清洗干净。然后先为对方总经理倒上了满满的一杯茶，双手恭恭敬敬地递上去。但是由于杯柄没有向着客人顺手的方向，导致客人没端稳茶杯，很多茶水撒在了客人的裤子上。情急中，李丹连连道歉，赶快拿出纸巾为客人擦拭，看得在场的领导和同事目瞪口呆，场面甚是尴尬。

专家解读

上例中，李丹的奉茶礼仪存在几处不当之处。李丹奉茶前清洗茶具，然后先为对方总经理奉茶是符合礼仪的。但是在冲泡时，却为客人倒了满满一杯茶，是不合适的，正所谓："茶满欺人，酒满敬人。"这句谚语道出了待客精髓。然后杯柄朝向不当，让客人掌握不稳，导致茶水洒了客人一身。

奉茶礼仪是怎样的呢？

（一）奉茶前礼仪

客人来访时，首先要请客人入座，然后应马上为客人奉茶。在奉茶前，应先询问客人对茶叶有什么喜好，如果有点心、水果招待，则应先将点心、水果端出，然后再奉茶。

应尽量在客人视线范围内清洗茶具。即使是平时备用的洁净茶杯，也要用开水进行烫洗，避免客人因茶杯不洁而不愿饮用的尴尬局面发生。

（二）冲泡茶叶的礼仪

放茶叶要有讲究。放茶叶时，切勿用手抓茶叶，应用一个小勺将茶叶从茶叶筒里盛出再放入杯中。

冲泡茶的水温应为 80℃左右。刚泡好的茶要告知对方。同时有两位以上的访客时，端出的茶色要均匀。

为客人倒的第一杯茶，通常不宜斟得过满，以免烫伤客人。以七分满为宜，或为杯深的 2/3 处。俗话说："茶倒七分满，留下三分是人情。"这既体现了宾主之间的良好感情，又兼顾到了安全因素，七分满的茶杯比较好端，也不易烫手。

（三）奉茶时的礼仪

奉茶的动作要求连贯、自然。奉茶时，要以托盘端出，托盘的高度应在胸部左右。双手端着茶盘来为客人奉茶。

上茶时，首先将茶盘放在靠近客人的茶几上或备用桌上。随后，应向在座的客人说声"请用茶"。然后右手拿着茶杯的杯托，左手附在杯托附近，应从客人的右手方向双手将茶杯递上。同时要面带微笑，眼睛注视对方说："这是您的茶，请慢用！"

若使用无杯托的茶杯上茶，亦应双手捧上茶杯。尽量不要用一只手上茶，尤其不能用左手。切勿让手指碰到杯口。

在奉上有柄的茶杯时，注意杯柄应朝客人的顺手面，即与客人正面呈 45°角左右，方便客人伸手来端茶杯。

放置茶壶时，壶嘴不宜正对他人。

奉茶时，一般按照：先客后主、先女后男、先长后幼的原则。应依照职位高低顺序先端给客人，然后再依照公司职位高低端给同事。如来宾甚多，且彼此之间职位、年龄等差别不大时，可采取以下四种顺序上茶。

（1）以上茶者为起点，由近及远依次上茶。

（2）以进入客厅或会客室之门为起点，按顺时针方向依次上茶。

（3）以客人到来的先后顺序上茶。

（4）人特别多时，上茶可以不讲究顺序，或者由饮用者自行取用。

（四）续茶礼仪

把握好续水的时机，以不妨碍宾客交谈为佳；不宜等到茶叶见底后再续水。

续水一般在会谈活动进行约 20 分钟后进行，之后一般每 30 分钟续水一次，1～1.5 小时后需要更换茶叶。在续水时，将茶杯端下，至桌子的拐角处续水。带一块小毛巾，如茶水溅出，可立即擦干。

客人背对着你时，要轻声提醒："给您上茶。"避免从客人肩部和头上越过续水。

续水时，切忌将杯盖扣放在桌上，而是应该用左手的小指和无名指夹住杯盖上的小圆球，然后用大拇指、食指和中指握住杯把，把茶杯从桌上端下。腿应一前一后，侧身把茶水倒入客人杯中，以体现举止的文雅。

（五）其他需要注意的细节

（1）茶水最好连同茶托端出。

（2）如果以红茶待客时，也应将杯耳部分向着客人右侧，茶匙要放在靠客人身体的杯托上。

（3）如同时有点心招待，应放置在客人的左手边，即点心盘要放在红茶的左侧。吃点心的刀、叉要放在点心盘的右边，也就是放在点心盘与茶杯中间。

最后提醒您：客人未走不能倒残茶，如果那样，无异于在下逐客令。正所谓"客来敬茶，客走倒茶"。

四、递接礼仪

一个单位在对外交往的过程中，接待人员的仪态举止对塑造单位良好的形象至关重要。职场人士在接待来访客人时，大到接待陪同，小到递接物品，每一个过程都需要细致斟酌。

职场接待中，少不了递接礼仪，比如与客人见面寒暄，需要递接名片，递送资料、茶水等,这些看似简单的举止动作,却往往能反映出一个人的修养素质,从而给客人留下不一样的印象。

【案例分享】

小郑刚参加工作时,正值公司要举办一次大型的产品发布会,这次发布会要邀请国内很多知名企业的人士参加。由于人手忙不过来,小郑也被安排做接待工作。

会议报到当天,小郑在机场接到来宾后,礼貌地向对方问好,并做了自我介绍。但就在来宾将自己的名片双手递给小郑时,小郑不仅单手接过,而且看也不看就装在了衣兜里。随后说了句"跟我走吧",便头也不回地径直走向了轿车。这样的接待让客人有些失望。

第二天在会场,小郑帮来宾递送发布会的资料,只见他直接拿过一沓资料,像发传单一样,有时还在手上摇晃几下随意递给了客人。有的客人面带不悦,甚至还皱皱眉头才接过他的资料。很明显,客人对此感到不悦。有些客人也嘀咕发布会的组织接待工作太一般了。

小郑一系列的失礼举动,不仅让来宾对公司的印象大打折扣,也影响了发布会的成效。

专家解读

上例中,小郑在接待来宾时,递接礼仪上出现明显的错误。在客人递上名片时,他单手接过,也不看,直接放在衣兜里,这些都是极其不尊重客人的表现。而在会场给来宾递送资料时,更是举止随意,导致客户不悦,让部分来宾打消了合作意向。可见,接待过程中的递接礼仪不可忽视。

递接礼仪是怎样的呢?

(一)递接礼仪的原则

递接礼仪中,首先要遵守以下四个原则。

(1)尊重对方。

(2)双方互视。

(3)双手递物。

(4)双手接物。

递接物品的基本原则是举止要尊重他人。如双手递物或接物就体现出对对方的尊重。眼睛是心灵的窗户,递接物品时,我们可以通过目光交流来表达自己的情感,展现对他人的尊重。如果在特定场合下或东西太小不必用双手时,一般用右手递接。或用小托盘、纸张、书报作为托举,然后再递给客人。

需要注意,左手递接物品是失礼之举。

(二) 递物礼仪

递物时应双手呈举、递接平稳,然后再松手。

应双手将物品从自己胸前递出,同时说一声符合当时情境的礼貌用语。如"请您喝茶""请您拿好""请您过目"等。

待对方接稳后再收回手。

(1) 递送名片。接待中,双方相互认识以后,应互换名片。递名片时,一定要双手恭敬递上。递交时,应将名片的正面朝向对方,以便对方观看。

(2) 递交文件或图书杂志。在接待中,如向来宾递交文件或图书杂志,应使文字正面朝着对方,方便客人观看,不可倒置。

例如,向来宾或上级领导递送文件时,应先将文件打开,双手递上,要正面朝着对方,且眼睛要注视着对方。简单扼要地说明:"××局长,这是××文件,请您查看。"

(3) 递送茶杯时,应左手托杯底,右手握住杯把,将杯把朝向客人的右手边,双手递上。

(4) 递送酒水、饮料时,应将商标朝向客人,左手托底,右手握在距瓶口1/3处。

(5) 递送笔、刀、剪之类的尖利物品时,需将尖锐部分朝向自己或朝下。以免误伤对方。接待中,如需要来宾签名,在递送签字笔时,应先把笔套打开,然后用右手的拇指、食指和中指轻握笔杆,笔尖朝向自己,递到来宾的右手中。接待中,如遇到剪彩活动等场合,递送剪刀之类的尖锐物品时,应该将尖头朝向自己递给来宾,同时还应提醒对方"请您小心"。

(三) 接物礼仪

接物时,应该做到恭恭敬敬,五指并拢,双臂适当内合,自然地将双手伸出接过物品。在这个过程中,要表示对物品的关注,同时点头致意道谢,并附上"谢谢""麻烦您了"等感谢的话语。

（1）接受他人名片时，应当恭恭敬敬，双手捧接，然后认真观看，以表示对赠送者的尊重，还可就名片上的某些问题当面请教。看过名片后，要仔细地放在名片夹里，并表示谢意。

（2）接收文件或图书杂志，应双手恭敬地接过，收拾整齐，放在桌上或专门归置材料的地方。

（3）如果对方递过来带有利刃的物品，接过来后须迅速地将利刃转过来，不要继续对着对方。

（4）如果对方递过来的物品，对您来讲确实没有太大价值，但在对方没有离开之前，应将该物品放在一个合适的位置。同时也应该说一声如"谢谢！我回头仔细阅读"等符合当时情境的礼貌用语，切不可随意将对方递过来的物品扔到一边。

（5）大型会议中，接受奖品、奖状时，要用双手去接，并行鞠躬礼，然后转过身体，面向台下，将奖品、奖状举起向大家展示，最后用双手拿好贴在胸前。

（四）递接礼仪注意事项

1. 递物时注意事项

（1）如是站着递物，应身体稍稍前倾；若是坐着递物，须欠身面朝着对方的方向再递给对方。切不可挺胸抬头或坐着不动地将东西递给他人。

（2）如所递的东西较小，无法双手相递时，须用右手持物，左手轻扶右臂将东西递给对方，或将物品放在托盘等承载物上递给对方。

（3）如所递的东西有明显的把手，如茶杯、工具等物品，须将有把手的一面递给对方。

2. 接物时注意事项

（1）当对方是站立或虽坐着但是欠身将物品递给过来时，自己需要站立起来或欠身接过物品，同时说一声符合当时情境的礼貌用语，如"谢谢""麻烦您了"等，以表示对对方的尊重。

（2）即使递物品的是您的晚辈、下级，也应欠欠身，并礼貌道谢，以表尊重。

第三节　接待结束时的礼仪

一、送别客人礼仪

送客是待客礼仪中必不可少的重要环节。客人来时,以礼相迎;客人告辞,还应当以礼相送,这样才使整个接待过程善始善终。在接待过程中,即使此前一直彬彬有礼,但如果冷漠地送客,则会令客人产生长时间的不愉快,并且感到扫兴,大大影响接待工作的效果,更不利于今后的合作往来。

 【案例分享】

某大型企业,新厂房建成,需要采购一批价值百万的机械设备。为此,该企业采购部经理王先生,决定前往生产机械设备的甲公司做一次参观考察。

王先生来到甲公司。甲公司的李经理负责接待王先生,并陪同王先生参观了车间和设备。在接待过程中,王先生与李经理相谈甚欢,在回到李经理办公室时,王先生还想跟李经理交谈几句,然后准备下订单。

此时,李经理想到还有其他事务需要处理,于是便时不时地看表、打电话,王先生见状便起身告辞。李经理跟王先生握手告别后,也等不及送王先生到电梯口,就匆匆折回办公室处理事务。

事后,王先生的企业没有向甲公司订购设备。

专家解读

上例中,李经理在接待王先生的过程中,送别礼仪做得很不妥当。首先,在接待将要结束时,时不时地看表、打电话,这一行为是非常不尊重来访者的表现,相当于对来访者下“逐客令”。而在送别王先生时,连电梯口都没有送到,就匆匆折回办公室,更是不尊重对方的表现。这些失礼行为让公司失掉了价值百万的订单。可见,接待结束后的送别礼仪也是不可忽视的。

送别礼仪是怎样的呢?

(一)婉言挽留,有礼相送

无论接待什么样的客人,无论合作洽谈得顺利与否,当客人准备告辞时,都应礼貌地加以挽留。不要客人一提准备告辞,主人马上站起相送,或者起身挽留,这都有逐客之嫌。因为有些客人本来还想与主人交谈一会,因怕打扰主人才提出准备告辞以试探主人的态度,于是以"告辞"来观察主人的反应,因此主人一定要婉言相留。

但如果客人执意要走,主人也不必再三强留。但要等客人起身后,主人再站起身来。如果旁边有其他熟悉客人的同事,还要招呼一下大家,一起来热情相送客人。

送客时,应主动与客人相送一程,最后在客人伸手后再与客人握手送别。送客地点可以是门口、电梯口、楼下、车旁、停车场等。送客时要叮嘱客人小心慢走,下楼注意台阶。不要在客人走时无动于衷,或只是点点头、摆摆手算是招呼,这都是不礼貌的行为。

如果是初次来的客户,要告知返回的路线;如遇下雨,要给客户拿雨具;如果是将客人送至门口,应在客人的身影完全消失后再返回;如有急事处理,可告知客人后返回。

最后,还要用热情友好的语言欢迎客人下次再来。

送客过程中,一定要注意身体语言,微笑与细致的关照都会在无形中增进双方的好感,为将来的业务合作打下良好的基础。

(二)常见送别礼仪

客人离开时,应起身相送,最基本的送客礼节是送到门口。但需要注意的是,不能在客人前脚刚迈出房间门,就"啪"的一声关上门,这是很失礼的。应等客人走远后,再轻轻关上门。

把客人送到电梯间,帮忙按一下电梯按钮,这也是送客时最得体的做法。但是不要出现客人转身进入电梯,回过头,主人已经不见了的情况,这样会让客户觉得主人很敷衍。

如果客人有开车,可以把他送到车旁,这样更加显出主人的诚意。同理,应等到车子消失在视线范围之外,送行人员再转身离开。

公司所有的工作人员都参与送别,这是送别礼中最高的级别,彰显出主人百分百的诚意。

(三)专程送别礼仪

专程送别,是指远道而来的重要客户要离开时,主人安排交通、人员等方面的工作专程送别。这种送客方式尽显了主人的热情和周到。送别客人同样是要预约对方的时间，以客人的时间安排为主。送行的人员也应选择与客户身份、职位相对等，或与工作相关部门的工作人员。

如果对方有自己的专用车辆，送别地点可以选择在来宾的住地；如果对方没有专用车辆，主人应该为其安排好送行的车辆，并约好时间，在哪里接。最后一直要将客人送至机场或车站。随行工作人员应帮助客人处理好搬运或托运行李等相关事宜。

宾主双方可以在送行地点再叙片刻。

送行人员应该在客人进入安检以后再离开，或在确认对方离开自己的视线以后不会有其他意外方可返回。这样，如果对方的交通工具因故晚点或出现其他特殊情况，送行人员也可以及时给予关照或帮助。

（四）送别礼物

送别时，有时候还有赠送礼物这一环节。如果要送客人礼物，最好在客人的驻地就送给对方，以备客人打包。

如果将客人来访期间的活动照片精选汇集成图文相册之类的礼物，在送别时作为礼品送给对方，客人一定会深受感动。这种礼物弥足珍贵，既表达了接待方对客人的友好与尊重，又有着特别的纪念意义。

（五）送别的禁忌

在客人来访时看表，总会给人觉得主人有急事，似乎在下逐客令的感觉。所以，在会客时即使想知道时间，也应回避客人，以免引起误会。

当客人离开时，既没有热情的挽留，也不说送别的话语，就让客人自行离开。这样的表现会让客人有不受欢迎的感觉。因此，切不可如此怠慢客人。

到车站、码头或机场送客时，切忌心神不宁或频频看表，这样会让客人误解为催促他赶快离开。

二、使用交通工具送别客人的礼仪

职场接待中，送客时也应按照接待时的规格来安排送别，且不可虎头蛇尾。在接待过程中，无论双方的目的是否达成，都要按原先预定的接待规格来送客，而且要做好交通方面的安排，如购买车票、船票、机票，或者安排车辆等。如果客人要离开,而主人不管不问,那就意味着双方交往关系的破裂,或表示对客人的不满。

使用交通工具送别客人的礼仪,属于送别的最后一个环节,不可忽视。这也是让整个接待过程尽善尽美的体现。做得好,会给来宾留下美好的印象;做得不好,则会让来宾败兴而归。

【案例分享】

某科技公司召开全国客户联络会,其中邀请了外地的一位重要客户吴先生参加。王雷作为公司公关部经理,全程负责接待吴先生。其间,王雷对于吴先生尽心尽力,给吴先生留下了非常好的印象。

会议圆满结束的当天,王雷已帮吴先生订好了机票,并将用公司的专车送吴先生到机场。因为有专职司机开车,王雷便打算陪同吴先生坐在车后座。只见王雷将右侧车门打开,请吴先生上车,不料吴先生一不注意头部碰上了车门上沿,王雷连忙道歉,又让吴先生往里坐,自己直接从右侧上了车。此时,吴先生表情已经有点不悦。

来到机场,王雷将吴先生送到安检口就率先离开。当吴先生准备进入安检口,再回头与王雷挥手告别时,已不见了王雷的踪影。这一幕让吴先生之前对王雷的好感也一扫而光,可以说是败兴而归。

专家解读

上例中,王雷送别客户时,有很多失礼之处。比如请吴先生上车时,没有护住车门上沿,即护顶,让吴先生碰了头。更不礼貌的是没有绕到车门左侧上车,而是让吴先生往里坐,自己直接从右侧上车,不仅让客人很不方便,而且自己坐到了尊位。最后,没等吴先生通过安检就率先离开,从而让重要客户败兴而归。

使用交通工具送别客人的礼仪。

(一)客人坐上座

1. 公务接待中乘车座位的安排

在双排五人座轿车上,座位由尊而卑应当依次为:后排右座,后排左座,后排中座,副驾驶座。

在双排六人座轿车上,座位由尊而卑应当依次为:后排右座,后排左座,后排中座,前排右座,前排中座。

而在公务接待中,送别客人,由专职司机驾驶轿车时,上座则是后排右座。这跟我国道路行驶规则有关。后排比前排更安全,右边比左边上下车更方便。比较有经验的司机开车到酒店停车时,后排右座一定正对着门。这个位置的人伸腿下车,抬腿上车,非常便利。而副驾驶的座位是"随员座",酒店的门童一般都不会给副驾驶座开门。

2. VIP上座

一直以来,关于车内最尊贵的位置是在左后座还是右后座,是有争议的。右后座方便宾客上下车。但是,驾驶座后面的位置则是遇到碰撞时全车最安全的座位。

目前一般使用的规则是:如果送别的来宾不是外宾或政府要员级的大人物,建议请他坐右后座,上下车比较方便。如果是超级 VIP,那就把安全等级放到第一位,请他坐在左后座。如果开车的是专职司机,送行人员则坐在后座陪同客人。

3. 遵从客人本人的意愿

在正式场合乘坐轿车时,首先应请尊长、女士、来宾就座于上座,这是给予对方的一种礼遇。当然,不要忘了也要尊重客人本人的意愿和个人选择习惯,要将这一条原则放在最重要的位置。在乘车时客人坐在哪里,即应认定哪里是上座。即便客人不明白座次,坐错了地方,也不要轻易对其指出或纠正。这时,务必要遵循"主随客便"的原则。

上面这几条原则往往在使用时会相互交错,在具体运用时,可根据实际情况灵活运用。

（二）照顾好客人上下车

如送行人员坐于前排时,要后上车,先下车,以便照顾坐于后排的客人上下车。

送行人员与客人同坐于后一排时,应请尊长、女士、来宾从右侧车门先上车,自己再从车后绕到左侧车门后上车。下车时,则应自己先从左侧下车,再从车后绕过来帮助客人。

若左侧车门不宜开启,于右门上车时,要里座先上,外座后上。下车时,要外座先下,里座后下。总之,以方便易行为宜。

乘坐多排座轿车时,通常应以距离车门的远近为序。上车时,距车门最远者先上,其他人员随后由远而近依次而上。下车时,距车门最近者先下,其他人员随后由近而远依次而下。

要注意:为客人开车门时,应左手固定车门,右手护住车门的上沿(左侧下车相反),以防止车门滑动或让客人碰到头。待客人坐好后再关门,一定注意不要夹到客人的手或衣服,让客人受伤或扫兴。

(三)特殊车型的上座

吉普车通常有四个座位,这样的车型一般坐前排比坐后排舒适,而且视野也比较好。因此,不管由谁来驾驶,座次由尊而卑的顺序是:副驾驶座,后排右座,后排左座。

对于四排及四排以上的旅行车,不论由谁驾驶,以司机座后第一排即前排为尊,后排依次为卑,座位的尊卑依每排右侧往左侧递减。

(四)其他交通

大型组织活动的送客工作一般比较复杂,应有专人组织。

在活动结束之前,就要了解客户的返程日期、要求、车次、班次和票种等,并及时预购好车、机、船票。

活动结束后,询问客户离开前还有什么需要交代、办理的事,并应到客户住处送别。要提前给客户结算好各项费用,并帮助客户搬运携带的物品。

用车将客户送到车站、机场或码头。对于贵宾,应提前联系好贵宾室,请客户在贵宾室等候。

若条件允许,最好能送到车厢,安排好座位;客户所乘车、船启动时,送行者应频频挥手告别。如果送客到车站、码头,最好是等车船开动并消失在视线以外以后再返回;送客到机场,要等客人通过安检处之后再返回。

第七章

职场人士的拜访礼仪

第一节　拜访开始前的礼仪

一、预约礼仪

在职场中,拜访是不可或缺的礼仪活动。何为拜访?拜访表达敬意,即有目的地探望被访者并与之沟通交流。拜访要有明确的目的,要为完成特定的任务做好充分的准备。与客户面对面的沟通,有效拜访客户,是双方合作迈向成功的关键。

【案例分享】

罗斌刚从大学毕业,应聘到一家电子公司做销售。一天,他准备去拜访某公司的王经理。由于没有王经理电话,罗斌没进行预约就直接去了王经理的公司。

罗斌到达时,前台人员告诉他,王经理正在接待客户,暂时不能见他。于是,罗斌等了好一会儿前台才告知他经理忙完了。而当他到达王经理办公室时,刚好王经理正在接电话,就示意他在沙发上坐下等。在此期间,王经理又打了两个电话,罗斌不时地看表,并从沙发上站起来在办公室里走来走去,显得不太耐烦,还随手翻了翻放在茶几上的一些资料。

等到王经理打完电话,罗斌正想开口说明来意,却被王经理告知,有个重要的会议马上要召开,让罗斌把拜访的资料留下,等下次再约。罗斌等了半天,就这么被打发回去了。

专家解读

上例中,罗斌因为没有事先预约就去拜访,导致王经理没有时间接待他,最终以失败而归。拜访前,不事先预约,不仅会导致时间不凑巧,更会让客户觉得比较唐突且不被尊重。像罗斌这种情况,会被拒绝或草草打发了事,是可想而知的结果。

(一) 预约方式

拜访预约包括电话预约和信件预约。

1. 电话预约的要点

(1) 到访者的单位、人数、姓名、身份。

(2) 准备到访的时间、地点。

(3) 拜访的目的和需要对方准备的事项。

(4) 到访者的电话、手机号、微信等联系方式。

(5) 到访者所乘交通工具。如是自行开车,要告知车号,以备对方报备。

成功的电话预约,不仅可以使对方感到到访者考虑周全,也可以让对方准备周到,为双方日后的合作奠定良好的基础。

2. 信件预约

以书面形式,将本次的沟通内容列明,注明会面时间、地点、人员等信息,以短信、电子邮件或传真件的形式发给对方。如:

尊敬的×××(经理):

您好!

我公司总经理××先生计划于6月3日下午2点到贵公司拜访您,商讨有关本季样品的事宜。预计商讨时间将需1～2个小时。

望予以安排为盼!

联系人:×××,电话:×××

×××公司

××年×月×日

注意:一般建议以电话预约为主,信件预约要确保对方收件的时效性,以免耽误拜访。

(二) 预约时间

(1) 集体拜访,通常建议是在拜访时间前1～2周进行预约,初步确定拜访的时间段,以便为对方预留时间。

（2）个人拜访,建议是在拜访时间前 3～5 天进行预约,初步确定拜访的时间段。

（3）拜访客户的时间也很有讲究。一般来说,上午 9 点半以后、下午 3 点半左右是比较适合拜访客户的时间。在这个时间段,一方面,客户正好处于上班时期,上午或下午手头比较紧要的事情也处理得差不多了,而且这时双方精力也都比较充沛,精神状态较好;另一方面,双方都有充足的时间来进行深入的沟通和交流,如果谈得比较投机,双方还可以共进午餐或晚餐,进一步加深沟通和情感交流。

（4）其他的时间段拜访客户,则需要看拜访对象是谁,预计拜访时间要多长,然后才好作出相应的安排。

（5）原则上,最好不要在周一上午、周五下午或工作日的上下班时间段去拜访客户,因为这种时候,往往是客户处理杂事、安排工作的时间,会比较繁忙,拜访的效果往往要差一些。

（三）预约地点

预约地点一般选在客户的办公单位或方便客户出席的饭店、咖啡厅等地点。原则上,以方便客户为前提,拜访者应适当提前 10 分钟左右到达,以免让客户久等。掐点和迟到都是不尊重客户的表现。

（四）约定拜访人数

对不同的客户进行拜访,在不同的时间段内,根据与客户不同的合作情况,拜访者的人数也不同。

（1）如果是一般性质的拜访,或者是不需要太多技术含量的拜访,比如:对专业知识的要求不是太多,只要进行简单的业务沟通即可的拜访,拜访者的人数为一人即可。

（2）如果是非常正式的、重要的拜访,尤其是那些技术含量要求比较高的拜访,拜访者的人数至少要求是 2～3 人。现在很多比较大型的单位在对客户进行正式拜访时,往往都是以这样的团队形式出现的,正所谓"术业有专攻",这既彰显了公司的实力,同时也体现了对客户的尊重和重视。

（3）比较科学的是三人拜访团队的模式。现在,也越来越流行这种拜访模式。三人拜访团队应遵循以下分工原则:

一人负责公关，沟通感情或开场、结尾及中间过渡环节的谈话；

一人负责专业技术性质的汇报或阐述，对客户提出的专业技术性问题进行解答和回复；

一人负责协助，或者是助理的角色，负责处理客户或公司之间其他事务的对接。

（五）约定主题

拜访时间是宝贵的，争取在双方约定的时间内，能够有效达成预期的效果。一般而言，拜访客户之前，就要对拜访主题有明确约定。

这就要求拜访者事前详细了解客户的相关信息和准备好拜访资料，以便更好地把握拜访主题。在拜访过程只有做到知己知彼，方能百战百胜！

二、告知礼仪

在人际交往中，未曾预约的拜访，是不受欢迎的失礼之举。那么在即将拜访前，没有对受访者进行预先告知，也是不太礼貌的行为。就好比我们提前约好了去朋友家做客，在快要到达主人家时，也要先打个电话告知一声，不能不打招呼就擅自闯入。即使门开着，也要先敲门或以其他方式告知主人有客来访，这是最起码的尊重和礼貌。同样，职场中的拜访，在与客户事先预约好的前提下，拜访之前，我们也应该跟对方打招呼，告知对方我们要来了，并且要得到对方的许可。

 【案例分享】

王莉在某公司市场部工作，她准备去拜访某公司的市场部胡经理。

预约的时间是周三下午三点。王莉平时做事很认真细致，她提前准备好了有关资料、名片，并对该公司及胡经理进行了详细了解。

出发前，王莉再次跟胡经理打了电话，表示自己将在下午三点准时到达，希望到时能与胡经理顺利面谈。不料，胡经理很是抱歉地说，刚才公司临时出了点问题，事务安排有点变动，要是王莉不打电话确认，他差点就忘了。胡经理征询王莉，是否可以把拜访推迟一个小时。王莉表示理解并同意。

于是，王莉在等待的过程中又把相关资料熟悉了一遍。预估好时间，提前十分钟到达公司,顺利与胡经理会面。交谈中,王莉简明扼要表达了来意,始终紧扣主题,给胡经理留下很好印象,最终促成了合作。

胡经理为了表示歉意,还请王莉共进晚餐,此后也成了王莉长久的合作客户。

 专家解读

上例中,如果王莉在拜访前,没有事先给胡经理打电话告知,而是直接到胡经理公司,很可能就让拜访显得唐突和混乱,从而错失这次合作的机会。因此,拜访者应该有防患于未然的意识,做好拜访前的告知礼仪。

下面是拜访前的告知礼仪。

(一)告知的必要性

拜访前告知礼仪是非常必要的,它有以下三个作用。

(1)向客户再次确认此次拜访,以免因预约时间较早或对方事务繁忙而遗忘。

(2)客户知道拜访者快要到了,开始停止手上的事务,婉转地请不方便在场的人员暂时回避,如果是比较正式、重要的拜访,人数比较多,对方能进一步确认准备情况。

(3)拜访前预先告知,能预防对方有突发情况,使拜访有所变动,或临时取消,这样我们也能及时调整应对措施。

(二)告知的时间点

在预约好的前提下:

对于比较正式和重要的拜访,一定要告知确认;

在会面前一天,对拜访的时间、地点、主题等进行确认;

在会面前 1 小时,进行再确认,告知马上出发或是已经在路上;

在约定时间前 15 分钟联系客户,告知自己即将或已经到达拜访地点,以便客户安排迎接。

(三)告知确认的内容

在预约好的前提下,告知时要再次确认以下几方面内容。

(1)会面时间,包括到达的时间和离去的时间,都要进行确认。如果一方有临时变化也可以让对方有所准备,以便另一方及时进行调整和配合。

（2）会面地点。一般来讲,公务拜访是到客户所在的办公区域,当然也可在方便客户的咖啡厅、茶社等地方。为避免对方有时会因有多个接待而记错,地点要再次确认清楚。

（3）会面人数。任何拜访都应事先说清楚有几个人,身份分别是什么,这点非常重要。如果拜访前有人临时缺席或新增人员,都要及时告知对方,让对方有所准备。

（4）会面主题。拜访主题应提前予以确定,但有时可能会因工作情况的变化,而要去除一些次要的信息或增加一些新的、重要的细节,这些都应在拜访前及时告知对方,方便对方有针对性地作出调整。

（5）如约而至。拜访时要做到不违约、不爽约,准时到达。迟到是繁忙的职场交往中最失礼的事,因为这会浪费受访者的时间。可以根据导航粗略确定自己到达的时间,如发觉会迟到时,应立即通知对方,最好的方式是先道歉,再约定可从容到达的时间。如果确因特殊原因不能赴约,应尽早通知对方并说明理由,得到对方的谅解。

（6）如遇突发性事件不能如期到达时,应重新告知到达时间,方便客户处理其他事情,或约定下次拜访时间。

三、乘车礼仪

在职场中,难免会有与领导、同事、客户一同乘车的时候。比如,跟领导出门办事、拜访客户或者参加会议等活动,这时候就需要遵守乘车礼仪规则。

坐车可不仅仅是“坐”那么简单,如果毫不注意地坐错了位置,腿脚放错了地方,或是说了不适当的话,那么你在领导、同事、客户心中的形象将会大打折扣。所以,掌握乘车礼仪非常重要。

 【案例分享】

某公司的员工小王年轻肯干,点子又多,很快引起了总经理的注意,并有意提拔他为营销部经理。

为了慎重起见,总经理决定再对小王进行一次考察。这天,总经理带着公关部杜经理和小王去拜访一家合作企业。小王自然想寻机好好表现一下。

出发前,由于公车外出办事,尚未回来,所以,他们临时改为搭乘总经理驾驶的轿车一同前往。上车时,小王很麻利地打开了前车门,坐在驾车的总经理旁边的位置上，总经理看了他一眼，但小王并没有在意，杜经理则坐在了后排。

一路上，除总经理向杜经理询问了几件事，杜经理简单地作回答后，车内再无人交流。小王为活跃气氛不停地寻找话题，车内均无人应答。到达目的地后，经由杜经理提醒，小王才恍然大悟自己的乘车礼仪很不得体。

回到公司，提拔之事再无人提及。

 专家解读

上例中，小王与领导出门拜访，因不懂得乘车礼仪，从而错失了升职的机会。首先选择坐在总经理旁边，忽视了杜经理的存在，会让领导感到小王不懂规矩。一路上又不停地寻找话题，更是显得唐突和非常不妥。

下面是乘车礼仪。

（一）位次的选择

在比较正规的场合，乘坐轿车时，一定要分清座次的尊卑，明白自己所处的位置，并在合适自己的位置就座。

位次礼仪规则一般可概括为"四个为尊，三个为上"。

"四个为尊"即在乘车中以"客人为尊、长者为尊、领导为尊、女士为尊"，尤其是在正式场合，此四类人应在上座就座。

"三个为上"是指"尊重为上、安全为上、方便为上"，其中"尊重为上"原则最重要。

当我们掌握了以上原则，以后出门办事就可以正确地选择座次了。具体的乘车位次可分以下几种情况。

1. 领导亲自驾车时

一般前排座为上，后排座为下。比如董事长开车，那么总经理应坐副驾驶座；部门经理、主管坐后排右座；下属坐后排左座、中座。

根据车型按职位的高低应由以下顺序选择适合的座次。

（1）双排五人座轿车的选择顺序是：副驾驶座→后排右座→后排左座→后排中座。

（2）三排七人座商务车的选择顺序是：副驾驶座→后排右座→后排左座→后排中座→中排右座→中排左座。

（3）三排九人座商务车的选择顺序是：前排右座→前排中座→中排右座→中排中座→中排左座→后排右座→后排中座→后排左座。

大家记得，千万不要坐到自己不该坐的位置。

2. 专职司机驾车时

由于右侧上下车更方便，且后排的位置隐秘性比较好，又是车上安全系数较高的位置，因此有专职司机驾车时，要遵守以右尊左卑为原则，同时后排为上，前排为下。但不同的车型又有不同的位次规则。

根据车型和职位的高低，应按以下顺序选择适合的座次。

（1）双排五人座轿车，顺序是：后排右座→后排左座→后排中座→副驾驶座。

（2）三排七人座商务车，顺序是：后排右座→后排左座→后排中座→中排右座→中排左座→副驾驶座。

（3）三排九人座商务车，顺序是：中排右座→中排中座→中排左座→后排右座→后排中座→后排左座→前排右座→前排中座。

（二）上下车礼仪

一般情况下，应让尊者先上后下。要请尊者先上车，坐到上座；陪同人员要先下车，为尊者打开车门。

到达目的地时，如果对方已经准备了隆重的欢迎仪式，则应等尊者下车后陪同人员再下车。

女士登车时，需先站在座位边上，把身体降低，让臀部坐到位子上，再将双腿一起收进车里，双膝始终保持合并的姿势。下车时，也要双脚着地后，再将上体头部伸出车外。

男女同车时，男士一般应主动为女士开车门，如果男士的职务高于女士，则可不必讲究。但是，在具体的场合中，还需要我们根据实际情况应变。

（三）乘车时礼仪

在乘车时，还要注意不随意动车内设施；应自觉保持车厢整洁；也不要随便脱掉外套，以保持得体的仪表。

与领导同车时，交谈要适度。领导之间若是在谈工作，若没问到你，尽量不要插话。

若领导之间谈论的内容比较私密时，不但不要插话，甚至应装作没听见,最好是戴上耳机,或播放一段轻音乐,但音量不宜过大。

如果领导没有休息,尽量不要在车上睡觉。

烟瘾再大,也切忌在车内吸烟。

第二节　拜访过程中的礼仪

一、握手礼仪

据说在远古的时候,人类的祖先就有了握手的习惯。那时候的人们以狩猎为生,出门时手里都要拿着石头、木棒等工具,一则用来捕猎动物,二则用来防身。若冷不丁遇到猎物,便迅速出手将猎物猎取,作为当日的食物。而在遇到熟人时,为了表示友好,他们会放下手中的武器,亮出手掌,然后互相摸摸对方手心,以这样的举动告诉对方自己手里没有武器,彼此和平友好。久而久之,这样的习惯逐渐演变成了今天的握手礼。

【案例分享】

一个冬日,午后的阳光照得房间暖融融的,不禁让人有了一丝睡意。突然,家里的电话铃声响起,一个十分焦急的声音从电话另一头传来:"刘教授,您什么时候方便,快来给我们再做一次礼仪培训吧!"电话是某环保局办公室王主任打来的,听这着急的声音,想必一定是发生什么事了。"别急!什么情况?"我赶紧问。王主任气喘吁吁地说:"今天上午,我们单位和另一个单位有个交流活动。办公室的小王刚从厕所出来正好碰上客人来了,迎上去就和人家握手。客人是一位女性,见此情形皱了皱眉头不得不伸出手去。小王一看人家有点勉强,一时也紧张起来,赶忙将双手在自己的衣服上擦了擦,和客人握了手。由于紧张,小王一时用力太猛,手忙脚乱中又把客人的手捏疼了,客人一声尖叫,弄了小王一个大红脸。我们也觉得非常尴尬啊!您说,咱是大单位,就这接待水平,实在是让人头疼呀!于是和领导一商量,得尽快安排培训,千万不能再闹出什么笑话了!"

专家解读

小王由于不了解握手礼仪的规则,不仅一出卫生间就和客人握手,还因为用力过猛捏疼了女性客人,这不仅让自己丢了面子,也影响了单位的形象。

（一）握手的目的

握手不仅是传递情感、表示友好和欢迎的重要表现形式,也是和客人的一次"亲密接触"。如果这份情感传递得好,后面的交流就可以愉悦与顺畅;倘若这个局开不好,接下来的合作就会变得磕磕绊绊。一个舒展大方、自然得体的握手,可以传递出欢迎、感谢、问候、告别、祝贺、慰问等情感,让人有畅快淋漓的感觉。那么,什么时候与人握手比较合适呢?

（二）握手的时机

（1）当别人介绍相识时。

（2）朋友久别重逢时。

（3）突遇熟人或上级时。

（4）迎接客人到来时。

（5）拜访客人告辞时。

（6）送别客人时。

（7）与有喜事的熟人见面时。

（8）别人向自己祝贺、赠礼时。

（9）拜托别人办事时。

（10）别人为自己提供帮助时。

（11）参加追悼会告别仪式时。

（三）握手的正确方式

（1）握手的距离。握手的距离要恰当。所谓距离恰当,即两个人的距离约为80～100厘米,互相伸出手即可。

（2）握手的表情。握手时双方应该两眼对视,同时面带微笑,要显得热情、友好、自然(图7-1)。

（3）握手的方式。向他人行握手礼时,尽可能起身站立,身体稍微前倾。除非自己是长者或女士,否则坐着与人握手是极其不礼貌的。单手与人相握时,手掌应垂直于地面,掌心向上,表示谦虚和尊重;双手与人相握时,即用右手握住对方右手后,再用左手握住对方右手手背,这种方式适用于亲朋故旧之间,以表达彼此的深情厚谊,也可以用于长者。但此种握手姿势不适用于初识者或异性。男士之间可以握住对方虎口处,男士与女士握手握在女士除拇指外的四指关节处即可(图7-2)。

图　7-1

图　7-2

(4)握手的时长。一般情况下,与他人握手的时间不宜过长或过短。一般来说,握手后上下晃动两三下,并且停留两三秒钟即可。

(5)握手的力度。握手时,为了向交往对象表示热情友好,握手力度应稍加用力,但对异性和初识者则不可用力过猛,以免对方感到不适。

(6)握手的顺序。握手时,讲究尊者为先,即由双方地位尊者先行伸手;女性与男性握手时,应由女性首先伸手;长辈与晚辈握手时,应由长辈首先伸手;职务高者与职务低者握手时,应由职务高者首先伸手。只有宾主握手时较为特殊,客人抵达时,应由主人首先伸手,以示欢迎;客人告辞时,应由客人首先伸手,以示请主人就此留步。这样的原则,可以简化为八个字"高的、老的、女的、主人"。

"高的"即为职位高者优先伸手。

"老的"即为年龄大者优先伸手。

"女的"即为女士可以优先伸手。

"主人"即为主人可以优先伸手。

当一人与多人同时握手时,可遵循由尊而卑或由近而远的顺序,依次进行。

当长者、贵宾向你伸手时,你最好快步趋前,双手握住对方的手,身体可以微微前倾,以表示对对方的尊敬。

可能有人会问,如果女下属遇到男领导时到底谁先伸手呢?此时握手礼仪的原则是:职场不分男女,仍然遵从职位高者优先伸手原则。

（7）握手的禁忌。忌用左手与他人相握；忌与多人交叉相握；忌手不洁净时与人握手；不宜戴着墨镜、帽子和手套与人握手；握手时不要将另一只手插在衣兜里；不要在卫生间或刚出卫生间就与人握手；不宜把手握得太紧，使对方感到疼痛；不宜心不在焉，东张西望；不要在与他人握手后立刻擦拭手掌；不要拒绝与他人握手，除非有特殊原因。

二、鞠躬礼仪

鞠躬是一种表示对他人敬重的郑重礼节。

鞠躬礼既适合于庄严肃穆或喜庆欢乐的场合，又适合于一般的社交场合。随着社会文明程度的提高，鞠躬礼在人们的生活社交、公务场合、商务活动、服务过程中的使用越来越频繁，尤其是在商务拜访中，一个郑重的鞠躬礼将为拜访奠定良好的基础，有助于促成合作。

【案例分享】

某大型企业，需采购一批照明器材，A厂的小李和B厂的小江，都想抓住此次机会，于是，两人前来拜访采购部张经理。

这天，小李先到，只见他手拿样品，兴冲冲地直奔张经理办公室。"张经理，这是我们的新产品。"小李大声地说。正在处理业务的张经理被吓了一跳。于是让小李把样品留下，等看过之后再与他联系。

稍后，B厂的小江也来拜访。他经由秘书引导来到经理办公室。张经理正在看资料。小江礼貌地说道："张经理，您好！"然后向张经理做了个鞠躬礼，张经理微笑点头。小江继续说："感谢您在百忙之中接待我。这是我们的新产品，希望您能给我点时间将产品的性能、特点为您详细讲解一下。"

张经理被小江的礼貌深深打动，便请秘书为小江倒茶，自己则拿起照明器材仔细研究起来。最终张经理选择了小江工厂的器材。

专家解读

上例中，小李和小江有着同样的竞争机会，却因为小李的冒失之举，错失订单。而小江的礼貌鞠躬给张经理留下了良好的第一印象，也开了一个好局，从而促成了合作。人们常说："主雅客来勤。"反之，也可以说："客雅方受主欢迎。"拜访中一个得体的鞠躬礼，为拜访拉开序幕，其重要性不言而喻。

鞠躬礼仪需要注意哪些方面呢？

（一）鞠躬礼三项原则

（1）受礼者应还以鞠躬礼。

（2）地位较低的人要先鞠躬。

（3）地位较低的人鞠躬要相对深一些。

通常，在朋友、同事、宾主及晚辈和长辈初次见面时，都可以行鞠躬礼，以表达对对方的尊敬。

（二）鞠躬的动作要领

（1）行礼前，首先应保持身体端正，正位站姿。

（2）面向受礼者，与受礼者的距离约两三步远。

（3）行礼者和受礼者互相应注目，切忌斜视或环视。

（4）行礼时，须伸直腰、脚跟靠拢、双脚尖处微微分开，以腰部为轴，头、肩、上身顺势向前倾约15°至90°，具体的前倾幅度应根据行礼者对受礼者的尊重程度而定。鞠躬时，弯腰速度适中，视线要随着身体前倾弧度的变化而移动。鞠躬完成之后再抬头直腰，动作宜缓慢，这样令人感觉比较舒服（图7-3）。

（5）行礼时，女士应身体前倾，两手交叉相握放在体前；男士的双手应自然下垂，放在身体两侧，上身也要稍前倾；男女均应面带微笑，目光下垂，还可附带问候语，如"您好""早上好""谢谢您"等。施完礼后恢复立正姿势。

（6）一般情况下，受礼者还礼时应以与行礼者的上身前倾幅度大致相同的鞠躬还礼。但如受礼者是上级或长者，还礼时可用欠身、点头或在欠身、点头的同时伸出右手作出请坐、请等手势答之，不必用鞠躬来还礼。

（三）鞠躬的种类

（1）欠身礼：头、颈、背成一条直线，目视对方，前倾约15°。一般适用于在座位上回礼，不必起立；或在行走中施礼，不必停留。

（2）15°鞠躬礼：站立，女士双手交叉放在体前，男士双手放在裤缝两侧，头、颈、背成直线，前倾15°，目光大约落于体前1.5米处再慢慢抬起，注视对方。适用于上下班问候、进入或退出时、与上级或客人擦身而过时等场合。

图　7-3

（3）30°～45°鞠躬礼：站立，女士双手交叉放在体前，男士双手放在裤缝两侧，头、颈、背成直线，前倾30°～45°，目光落于体前1米处左右，再慢慢抬起，注视对方。适用于迎送客人、拜访客户等场合。

（4）90°鞠躬礼：表示道歉、忏悔、改过和答谢的大礼。很多年轻人觉得腰弯得越低越表示尊重，其实不然。表示感谢时45°鞠躬足矣；而用90°鞠躬，有两层含义：一是深度致歉，即犯有重大错误或失误需要致歉时可以使用90°鞠躬礼；二是答谢大礼，表示深切感谢。

（四）鞠躬注意事项

脱帽的方向。一般情况下，在行鞠躬礼时需要脱帽，戴帽子鞠躬是一种不礼貌的行为。有时还要向左边或右边的人行礼，这种情况下脱帽时，手应与行礼之边相反，即向左边的人行礼时应用右手脱帽，向右边的人行礼时应用左手脱帽。

目光的移动。鞠躬时，目光应该向下看，表示谦恭的态度。不可以一面鞠躬一面翻起眼看对方，这样做既不雅观，也不礼貌。俯身后，应稍等片刻，再慢慢抬起上身，这样显得郑重。

鞠躬礼毕起身时,双目还应该有礼貌地注视对方。如果视线转移到别处,即使行了鞠躬礼,也不会让人感到诚心诚意。

语言的配合。先说一句"您好"然后鞠一躬,贯彻这种"语先后礼"的鞠躬方式能给人有礼的印象。

鞠躬时,嘴里不能吃东西或叼着香烟,也不能边鞠躬边说与行礼无关的话。

哀悼治丧要点。一般活动中行一次鞠躬礼即可,而在哀悼治丧等活动中一般是三鞠躬。而且表情要严肃,切不可微笑或嬉皮笑脸,这是对逝者和家属的不尊重。

(五)错误的鞠躬方式

(1)只弯头的鞠躬。

(2)不看对方的鞠躬。

(3)头部左右晃动的鞠躬。

(4)双腿没有并齐的鞠躬。

(5)驼背式的鞠躬。

(6)表情不严肃的鞠躬。

三、名片礼仪

名片是当代职场人际交往中一种最经济实用的介绍性媒介。作为一种自我的介绍信和社交的联谊卡,名片在人际交往中扮演了重要角色,人们可用它传递信息、证明身份、结交朋友。鉴于名片的种种重要功能,我们应对名片礼仪进行详细了解。

【案例分享】

在一次跨国商务会议上,张先生作为公司的代表,希望借此机会与来自各国的潜在客户建立联系。当一位来自欧洲的重要客户走进会议室时,张先生迅速从口袋中掏出名片,准备递上。然而,他在递名片的过程中却犯了一个严重的错误。

张先生用左手随意捏着名片的一角,像扔扑克牌一样甩向客户。客户虽然接住了名片,但脸上露出了不悦的表情。名片上的文字因为张先生的粗鲁动作而显得有些模糊,这让客户对张先生的专业性产生了质疑。

这次名片交换的失误不仅让张先生失去了一个宝贵的商务机会,更在客户心中留下了不专业的印象。在随后的会议中,尽管张先生努力展示自己的实力,但客户已经对他失去了信任。

专家解读

名片是职场交往中的一张"脸",代表着一个人的身份和职业素养。在递名片时,应用双手或右手恭敬地递上,确保名片正面朝上,文字清晰可读。这不仅是对客户的尊重,更是对自己职业形象的维护。张先生的失误在于他忽视了名片礼仪的重要性,导致了一个本可以避免的工作失败。这提醒我们,在与人交往时,每一个细节都可能影响最终的结果。

那么,拜访中应该注意哪些名片礼仪呢?

(一)名片印制的内容

名片上的基本信息:姓名、职务、职称、工作单位、社会兼职、通信地址、邮政编码、办公室电话、手机号码、微信号、传真号码等,可以让对方一目了然,对你有一个大致的了解。

注意事项:印制名片时,职务和头衔尽量不超过三项,可以选择最重要的几项。否则印制职务和头衔过多,有自我卖弄、炫耀之嫌。

(二)名片放置的位置

名片应放置在较为精致的名片夹里。

如果是带了包,名片夹可放在自己随身携带的小提包里,方便与人交换。

男士如果着西服,可以把名片夹放在左胸内侧的口袋里。

注意事项:不要把名片放在腰以下的位置,如裤子口袋,尤其是臀部的口袋里。

(三)名片的递交方法

1. 递交的顺序

遵循以"位卑为先"原则,即由职位低者向职位高者先递,男士向女士先递,晚辈向长辈先递。

同时要递给多人时,应先将名片递给职位高或年龄较长者,然后再递给职位低或年龄较轻者。

如果一时不能确定职位高低和年龄大小时，应采取由近及远依次递出。

注意事项：一定要依次进行，切勿挑三拣四，采用跳跃式方法。

2. 递交的方式

应以站立姿势，双方的距离根据身高而定，一般在 80～100 厘米，身体稍微前倾，双手将名片正面朝着对方，即客人看到的是正方向的，便于及时了解名片相关信息。双手捏在名片上端的两个角上，在胸前辅以 15°的鞠躬礼递予对方。

注意事项：

不宜用手指夹着名片递给对方。

不宜用单手更不能用左手递给对方。

不宜将名片举得低于胸部。

不宜将名片背面朝着对方或是颠倒着递交名片。

若对方是外宾或少数民族同胞，最好将名片上印有对方熟悉的文字的面朝向对方。

在递交名片的同时，口头也应有相应的语言表示，可以有选择地说：我是××单位的×××，非常高兴认识您！这是我的名片，请您多指教/请您多关照/希望今后我们多联系/有机会多向您请教。

（四）名片的接受方法

接受名片时，应立即停止手中所做的一切事情，如手中拿着东西应放下，尽快起身或欠身，面带微笑，目视对方。

用双手接住名片的下端两角，仔细看一遍。

根据递交名片者的信息称呼对方，同时要说"谢谢""认识您很高兴"等寒暄语，然后再将名片放入上衣口袋。

若名片上的主要信息有不认识的字、双音字或复姓等，应当场请教对方，此举意在表示对对方的尊重和重视，也避免自己念错字而尴尬。

接到对方的名片后，一定要妥善保管，放在名片夹或手提包里。若接过他人名片后看也不看，或弃置桌上，或随便装入衣服口袋，会让对方有不被重视的感觉。

若自己有名片，在接到别人的名片后应及时递交自己的名片，但最好在收到对方的名片后再递交，不要一来一往同时进行，这样会显得比较忙乱。

注意事项：

接受了他人名片而自己没有或没带名片，一定要向对方解释。

与多位客人见面时，可暂时将接到的多张名片放在自己桌前排列好，以便自己进一步熟悉对方，但名片上不应再放其他物品。当会谈或会议结束时一定要记得收好带走，切不可遗留在原处，以免给人留下不重视的印象。

（五）索要名片的艺术

在与他人交往时，如果没有太大必要，最好不要强行索要他人名片。如确实想要他人名片，则应采用以下几种方法。

（1）交换法。即主动递上本人名片，此所谓："将欲取之，必先予之。"对方如果有名片，一般会主动递交。如果对方没有主动递交，则可索要，微笑着说："请问您方便赐我一张名片吗？"一般情况下对方会递交自己的名片。

（2）谦恭法。即以询问的方式说："今后如何向您请教？怎么联系您？方便给我一张名片吗？"此法适用于向长者和上级索取名片。

（3）明示法。即向对方提议想要一张名片。"我想要一张您的名片，不知是否方便？"这种方法比较直接，有可能成功，也有可能别人会说没带。

（4）联络法。即询问对方："以后怎样与您联系？"此法适用于向平辈或晚辈索要名片，一般即使不给名片，也会加微信或留手机号。

（六）使用名片的忌讳

（1）忌胡散乱发。

（2）忌收藏不当。

（3）忌玩弄名片。

（4）忌在名片上胡写乱画。

第三节　拜访结束时的礼仪

一、感谢礼仪

职场人士在拜访结束后，对客户应该进行感谢，这是不可或缺的礼仪。这不仅是个人教养的体现，也是对客户的付出给予的肯定和感恩。我们应该真诚地感谢客户专门放下手头的工作，腾出时间和精力接待我们，从而给客户留下良好的印象。这样,双方以后的交往才会更加顺利!

要想在职场的道路上走得更远,就要心怀感恩,做好相应的礼仪规范。在拜访中,得体地运用感谢礼仪,你将会赢得更好的回报。

【案例分享】

小程是一家科技公司的业务代表,这天,他如约去大华公司拜访李经理。谈话过程中,李经理显得很傲慢。

眼看拜访时间就要结束了。小程知道应该识趣地自动告辞,但如果不设法打破与李经理的交谈僵局,这次拜访将不利于后续的合作。

于是,小程起身向李经理恭敬地鞠躬道:"李经理,非常感谢您百忙之中抽空见我!"李经理抬眼,小程接着说:"虽然我在贵公司待了这么短暂的一会,但看到您的下属一个个都在紧张而有序地埋头工作,接待我的张小姐也对您敬仰有加,您真是管理有方,让人敬佩。今天您忙,咱以后来日方长,等您方便时,我再来拜访您,可以多多向您学习啊!"

李经理听后眼睛里透出了笑意。小程接着说:"您看什么时候方便,我再来拜访您?"李经理爽快地再约了时间跟小程详细谈合作的事,并起身将他送至门口,还主动热情地与他握手道别。

专家解读

上例中,小程展现出了很得体的拜访后感谢礼仪。首先很识趣地自动告辞,解除了李经理亲口"逐客"的尴尬。而面对李经理傲慢的态度,小程又用真诚的鞠躬和具体的言辞表达了对李经理的感谢。最终他得到了李经理的热情回应并顺利预约了商谈合作的后续时间。由此可见,拜访结束后感谢礼仪的重要性。

下面是感谢礼仪的内容。

(一)感谢礼仪的两大原则

原则一:感谢要说出口。

社会交往中,有些出自善意帮助别人的人,也许并不一定指望得到别人的什么回报,但是我们每一位受惠者都应该主动作出回应,真诚地感谢他人,否则就辜负了人家的善意。这也是个人修养和美德的一种体现。

同样在职场中，我们去拜访客户，客户把宝贵的时间和精力花在我们身上，我们应该抱着感恩的心态，真心诚意地说一句：谢谢。

原则二：感谢方式要恰当。

人际交往中，感谢方式可以有很多选择，有时候因为临时场景的变化，可能事先并没考虑好感谢的时机、分寸等，以至于真正需要感谢时又乱了方寸。那么，感谢他人需要了解哪些要素呢？

1. 感谢要及时

一事一谢，事毕即当面口头致谢，及时、自然，常常是首选。

因此，拜访结束后，最好的感谢方式就是郑重地当面口头致谢。

当面致谢的好处是，既闻其声，又见其人，表情、动作俱在眼前，真挚情感可直接温暖对方。

2. 感谢要真诚

表示感谢，最重要的莫过于要真心实意。为使受访者感受到这一点，务必要认真、诚恳、大方。话要说清楚，要直截了当，不要连一个"谢"字都讲得含混不清。

表情要加以配合：头部要轻轻点一下，正视对方双目，面带微笑。必要时，还须专门与对方握手致意或鞠躬致谢。这样会让对方的反应更强烈。

3. 感谢要具体

不少拜访者在与客户告别时，一般只说声"谢谢""打搅您了""再见"等客套的话，这会显得笼统空洞，无法让客户感到诚意。

因此表示感谢时，一定要具体，通常要尊称对方，并加上一些恰如其分的感谢理由，这样会使你的谢意专一化，引起对方的重视并感到舒服。

比如面带微笑对客户说："感谢您，王经理！今天跟您谈话我非常有收获。谢谢您给我的建议，对我有很大的启发和帮助。"

如果要感谢的是几个人，一般不建议简单地说声"谢谢大家"，最好是一个个地向他们表达自己的谢意。这样就会在他们每个人心中引起反响和共鸣，达到情感的进一步交流。

4. 留有余地的感谢

不管这次合作谈成没谈成都是要感谢对方。要知道大多数的合作都不是在一次拜访中就能谈成的。

即便此次拜访不太成功，也不能表现出不耐烦。相反，言谈举止更要保持有礼恭敬,真诚地感谢客户。做到不卑不亢,让客户觉得你是个经得起挫折和考验的人,留下好印象,以便下次合作。比如面带微笑地说:"李经理,今天耽误您的时间了,十分抱歉,也非常感谢您在百忙之中抽空见我。等下个月新品出来后,我再来拜访您。希望以后有更多的机会向您学习和请教!再次感谢!"

5. 后续的感谢

您以为以上现场感谢礼仪之后,这样就完了吗?不,还需要进行后续的感谢。这就需要感谢短信或感谢信了。

有的拜访者,明明拜访过程中聊得很好,为什么后来就没有合作了呢?很多时候是因为你没有马上跟进后续活动,客户很可能忘了自己决定的一些事情。

因此,拜访完客户大约一个小时后,给客户发一条感谢短信或微信,或者是回到公司后及时给客户发一封电子感谢信,能够加深客户对你的印象。这就是点睛之法。

6. 感谢的禁忌

过分热情。很多新手容易犯这种错误,见谁都觉得是久违的朋友,拼命向客户示好,表情、动作过于虚假和谄媚,结果把客户吓跑了。

过度微笑。用友好的态度向客户道谢,但不要过分情感化。

过于功利。有些拜访者在道谢时也不忘摆出卖东西的架势,恨不得客户马上下单交钱。

求胜心切。首先要和客户建立良好的沟通关系,循序渐进,而不要做一味"兜售",令人生厌。

二、告别礼仪

职场中,对客户的拜访工作是一场概率战,很少能一次成功,也不可能一蹴而就、一劳永逸。想给客户留下好的印象,不仅要有引人入胜的开始,还要有耐人寻味的结尾,为下一次的见面埋下伏笔、创造机会!

拜访中,郑重得体的告别礼仪,有可能会让客户对我们产生更加美好的印象,从而促成合作。反之,疏忽或失礼的告别,即使有再好的开始和过程都会让整个拜访功亏一篑、毁于一旦。

【案例分享】

张强是某传媒公司的业务代表,公司最近设计了一款实用的软件,得知某单位有意购买此软件,通过预约,张强今天要去拜访意向单位的赵处长。

他事先做了充足的准备,并顺利到达赵处长的办公室与之会面。交谈过程中,张强对赵处长的疑问,作出机智而专业的应答,得到了赵处长的认可和赞赏,并约好了下次进一步商谈合作的时间。

赵处长顺口说道:"小张真是青年才俊,今后一定会大有可为。"

张强听后有些得意忘形,手舞足蹈地说:"哪里哪里,赵处长过奖了! 那就这么说定了,一定要买哦! 我告辞了。"只见张强随意地起身,连再见都没有说就快速走出了赵处长的办公室。

当赵处长伸手准备与张强道别时,张强早已不见了人影。张强这一失礼之举,着实让赵处长愣在原地! 心想这小伙子靠谱吗?

几天后,当张强再次联系商谈时间时,赵处长所在部门的办公室主任告知他,赵处长的事务安排临时有了变动,将取消下次的预约,后来也没了下文。

专家解读

上例中,张强尽管在拜访前做了充分的准备,在拜访过程中又展现出良好的专业素养,得到了赵处长的认可。但在拜访结束后,他严重忽略了告别的礼仪。正所谓百密一疏,就这样让一个订单从指缝中溜走。

(一)告别要郑重有礼

在职场,每个人的时间都很宝贵。因此,拜访中,一定要事先掌握好时间,谈话差不多时,就要做好告辞准备,向客户郑重告别,不要随随便便站起身就走。

1. 告别礼要恰当

告别礼是职场礼仪中的重要内容。一般使用的是我们比较熟悉的握手、鞠躬、挥手、相拥等形式。

(1)握手告别。无论拜访结果怎么样,都应该与主人握手告别。与他人握手时,目光注视对方,微笑致意,不可心不在焉,不可戴帽子或者戴手套与人握手。

（2）鞠躬告别。想要表达恭敬之意则可郑重地鞠躬告别。

（3）挥手告别。在主人送出门后，双方相距有一定距离后再挥手告别。

（4）拥抱告别。拥抱一般流行于一些欧美国家，多用于官方会见场合，同时也是熟人、朋友之间表达亲密感情的礼节。因此在一般公务拜访或商业活动中不太适合此种礼节。

但如果是拜访很熟的客户或好久不见的朋友可以来个礼貌的拥抱，但一定要注意相关细节。

拥抱时两人应相对而立，各自上身稍稍前倾，左脚在前，右脚在后，重心放在左脚；右臂在上，左臂在下。右手放置于对方的左后肩，左手挟着对方的右后腰；彼此头部及上身向一侧相互拥抱；拥抱时间不要太长，一般3～5秒为宜。

2. 告别语要恭敬

客人向主人告别时，常伴以"请回""请留步"等语言。

拜访结束时，如果谈话时间已过长，起身告辞时，要向主人表示歉意。

出门后，回身主动与主人握别，并说"请留步"。

待主人留步后，走几步再回首挥手致意，并说"再见"。

（二）告别是下次会谈的开始

拜访，更多的是一种礼节，一个双方认识和接触的过程。要想达成合作意向，并不是一次拜访就能做到的，这就要求拜访者对客户进行多次拜访。

在告别时，如还处于业务洽谈过程中，最好是能确认好下次的会谈时间。例如，"那吴总今天就到这，后天我再给您电话确认过来时间，您请留步。"

如果客户的时间当即难以确定，那么一定要暗示过几天再电话联系或下次再来拜访。例如，"过两天我再给您打电话。""下次我们再来拜访您，商讨细节。""接下来的事要多拜托您了，看看大概什么时候能定下来。""希望我们尽快有合作，我们是很有诚意的，等您好消息，保持联络。"

同时，也可以邀请客户回访自己的企业，表达自信和诚意。

例如，"李总，今天辛苦您了，有空请到我们公司来喝茶，我们的产品和服务在业内是有口皆碑的，相信您会选择与我们合作，我们一定会让您满意的。""如果您时间方便，欢迎带同事来我司考察。我们××市也是很有特色的。"

（三）不做"扬长而去"之客

拜访告别时，客户送出门，千万不要出门便扬长而去。出了门后，一定要回过身来，向客户行告别礼。起身后一去不回头，会让客户觉得很失望。

最好在行告别礼的同时说一句祝福的话，这会让客户对你印象深刻。

（四）不做"难辞久留"之客

（1）发现客户有不耐烦或者有事情的时候，我们就要主动找借口告别。

（2）客户没有表现不耐烦，自己又实在找不出话的时候，我们自己就要主动告辞，不要让客户面临需要下"逐客令"的尴尬。这样客户才会觉得你懂礼节、善解人意。

最后提醒您：

告别时，如果桌上有一次性纸杯，要记得起身带走。

如果是自己出门，要记得门要恢复原位，即进来时，门是开着的，离开时门也应该是开着的；进来时门是闭着的，离开时门亦应该是闭着的，开闭门时动作要轻。

第八章

职场人士的用餐礼仪

第一节 用餐开始前的准备工作

一、用餐类别与着装选择

餐桌礼仪在职场礼仪中占有重要的位置,用餐不仅是满足基本生理需求,也是很重要的社交体验。而不同的用餐场合,礼仪方面又有着不同的要求。比如,根据不同的用餐类别,选择符合个人特质的服装,以此来体现自己的身份、教养与品位,以及展现个人所代表的单位形象。

职场人士应根据用餐场合,选择得体的服装,这会令你散发出自信的风采和独特的魅力;若是选择不当,则往往会给人留下不好的印象,甚至影响工作。

【案例分享】

叶明是一家效益一般的大型企业总经理,他经过多方努力和上级有关部门的牵线搭桥,终于有一家国内比较有名的家电企业愿意来自己的企业考察并洽谈合作事宜。

这天,对方董事长一行到来时刚好是午餐时间,叶明让秘书订了餐厅包间,准备邀请客人先用餐。

为给对方留下精明强干、时尚新潮的好印象,叶明这天上身穿了一件T恤衫,下身穿了一条牛仔裤,脚蹬一双旅游鞋。他精神抖擞、兴高采烈地带着秘书迎接客户。当他看到对方及随行人员一身正式的西装,非常庄重地出现在自己面前时,再看看自身格格不入的打扮,他一下慌了神。而对方也用疑惑的眼神打量着叶明,在厂里匆匆转了一圈便借口有事离开了。

事后,合作的事也不了了之。

 专家解读

上例中,叶明没有很好地把握用餐场合的着装礼仪。对方前来考察,恰好遇上用餐时间,这种场合应属于接待工作用餐,着装应该符合接待工作场合的装扮。而叶明一身休闲装,在平时的休闲活动中是很适合的。但在商务场合,这样的装扮既显得有点漫不经心,也是对对方的不重视、不尊重。

(一)用餐的类别

根据时间、地点、场合,用餐可分为工作用餐和社交用餐两大类。

1. 工作用餐

因工作会谈或商务洽谈活动的用餐。

2. 社交用餐

(1)工作时间外的一般商务聚餐和商务应酬用餐。

(2)正式的商务宴会用餐,分中式和西式两种风格。

可针对以上不同的用餐类别,选择恰当的服装。

(二)工作用餐着装要求

女士着装要简洁、大方。应着深色西服套装。套装的首选是裙装,其次是裤装。套裙长度应过膝。

搭配的衬衣最好是纯色,颜色以淡雅为佳。

须穿高跟鞋,不能穿平底鞋,跟高为5厘米左右,冬天不宜穿靴子。

注意:丝袜以肉色为首选。

切记不可穿短袜,不宜露出袜边,更不宜穿带网孔的丝袜。

男士着装要稳重、成熟。应着正式的西装。

一般分为上衣和裤子两件套,有时还会多一件马甲变为三件套。

颜色,最正规级别为黑色、藏蓝、灰色等。

此外,还要配上相应的衬衫、领带、皮鞋、袜子和皮带。

(三)一般性应酬着装要求

在工作之余和同事、合作伙伴等比较熟悉的人友好地进行聚餐或交往应酬的场合,着装可以时尚、个性、随意一些,切忌过分庄重保守。

女士可穿着较柔和的套装或洋装。虽是工作之余,但也要体现个人形象。颜色不可太招摇,款式不宜太性感,以庄重大方为宜。可以展示女性的优雅,但不能失了分寸。如经典的格子修身连衣裙,亮色与黑色拼接的高腰修身裙等,搭配适当的首饰点缀,简洁大方,既不会像套装那样刻板,又不失对同伴的尊重感。

冬季加上深色外套或毛呢大衣,干练又不失优雅。

男士可选择款式偏休闲随意的美式西装,搭配亮色的衬衫或领带作为点缀。如宝石蓝色的衬衫搭配紫灰或蓝灰的西裤,精神十足。暗红色或蓝白相间的条纹领带配上白衬衫,能打破刻板印象。

除去西装还可选色彩偏亮或花格子的棉质衬衫套上薄马夹,时尚休闲。

(四)正式宴会用餐服装要求

正式的宴会要求穿着礼服或民族服装。穿着有三个基本要求:要符合出席的场合,还要考虑自己的身份、年龄和身材;给人一种大方、稳重的感觉;要穿出自己的风格及特色。

1. 中式宴会

通常,中式宴会都是一种代表隆重的礼仪表现。

女士着装可分为袍装类或组合式晚装,曲线优美,适合东方身材特质。

袍装:白天着短旗袍,晚间正式场合着长旗袍。

组合式晚装:简单而材质精良的洋装,可搭配色系协调的外套,可以凸显知性优雅的气质。或是配上独具特色的典雅披巾,更可增加晚宴的气氛。如再别上一朵别致华丽的胸花或胸针,更展现出你的巧思、精致及优雅的品位。巧妙的组合式晚装,还可避免与同场合其他宾客"撞衫"的窘况出现。

男士宜穿中山装,或庄重的英式西装。

2. 西式宴会

女士应选择能修饰自己身材,衬托个人气质的礼服。

正式宴会礼服的颜色搭配应以素雅色系或相同相近者为宜,如黑、金、银、绿等色系都是比较理想的选择。

女士参加宴会除了选择修长及踝的长礼服外,年轻的女性还可选择款式俏丽,材质精细的小礼服,这也是宴会时的另一种理想着装,它更能彰显女性青春的活力。

若是比较重要的商务晚宴,除了参考邀请函上是否有着装要求外,还应尽可能了解主办方或主人的衣着品位及层次,从而选择合适自身的礼服,以免喧宾夺主。

还应注意,着正式宴会礼服,一般应戴手套,手套的佩戴规则是:白天可戴短手套,晚间戴长手套,颜色一般为白色或黑色。户外握手时不必脱掉手套,而室内则以脱去右手手套为宜。

另外,白天还可戴帽子,而晚间宴会则不宜戴帽子。

此外,还应注意发型、首饰、皮包及高跟鞋的搭配,它们既可以起到很好的点缀作用,又能体现个人风格。

男士白天和晚上均可着比较正式的西装。

对于非常正式和重要的晚宴,可着燕尾服,此为西方男士晚间最正式的大礼服。

二、用餐人员的位次安排

职场礼仪中,位次的排列往往备受人们关注。不论是在接待行进、乘车、会谈、签约等场合,都需要我们注意位次礼仪。宴请客人时,餐桌上的位次礼仪同样不可忽视。宴请往往都是目标明确的,很少有人是为了单纯的吃饭而宴请。更为重要的是,通过宴请制造有利于宾主双方进行顺畅交流的气氛。这时,位次的安排就显得尤为重要了。

在用餐中,位次安排是否合乎礼仪规范,既反映了主办方对交往对象的尊重和友善程度,又反映了宴请者自身的素养、阅历和见识。有时候不经意的位次安排会影响宾客心情。对于用餐位次的问题,我们必须认真对待。

【案例分享】

国内一家大型生产企业,为了避免破产,想寻找一家资金雄厚的企业来做合作伙伴。经过多方努力,这家企业终于找到了一家具有国际声望的大公司。此公司的董事长王先生,是业内备受尊重的知名人士。

如果王先生愿意合作,将会令这家企业起死回生。于是,企业的总经理专门在一家五星级酒店宴请王先生。

小郑作为接待人员,陪同王先生到包间用餐。进入雅间,小郑想,王先生年龄大了,行动不是很方便,就将其引到离包间门最近的位置坐下。这一举动使王先生脸上出现不悦。总经理见状,赶紧向王先生致歉,并请他坐到正对大门的位置。

虽然事后,王先生愿意与该企业合作,但总经理还是将小郑严厉批评了一番。

专家解读

上例中,小郑作为接待人员,在引导王先生就座时,没有注意位次的礼仪规范。王先生是贵宾,这时他的身份比总经理更高,应该坐最尊贵的座位,也就是正对大门的位置。而离大门最近的位置,适合接待人员就座。这些细节掌握不当,则会引起不必要的尴尬,甚至影响合作。

(一)中式宴请位次礼仪

正式宴请中的席位安排,关系到来宾的身份和主人给予对方的礼遇,所以说这是宴请中一项非常重要的工作内容。中餐席位的排列,可以分为桌次和位次两种排列方式。

1. 桌次排列

如果同时有几桌,桌次排列应遵循居中为上、以右为上、远门为上。

按习惯,其他桌次的高低以离主桌位置远近而定。以主人的桌为基准,右高左低,近高远低;桌与桌之间的距离要适中,各个座位之间的距离要相等。

注意:举行正式宴会时,桌次多时应摆上桌次牌,到来的客人看到桌次牌自然知道自己应该坐在哪里,也不会引起客人的不悦,是一种比较稳妥的选择。

2. 位次排列

中式宴请位次礼仪的原则是:居中为上、以右为上、远门为上、近墙为上、观景为上。以内侧视为上座,以近为高远为低。依职位高低座次为:职位或地位高者为尊,高者坐上席;依官阶高低定位,能观景或靠近装饰墙的位置为尊。反之亦然。具体情况,可以归纳为以下几个方面。

(1)主陪一般会坐在面对着门的地方,此座位为主位,这个位置也方便主人掌控全局,随时能看到客人到达,以便做好迎接的准备工作。

中式正式宴请的基本座次安排是:最重要的客人也就是排在第一位的客人一般要被安排坐在主人的右边,第二位重要的客人要被安排在主人的左边,以此类推。

(2)如果主宾的身份高于主人,为表示对主宾的尊重,可以把主宾安排在主人的位置上,主人则坐在主宾的位置,即右侧的座位,第二主人坐在主宾的左侧。

(3)如果一次宴请有多位主人参加时,双方可交叉排列。离主位越近地位越尊。举行多桌宴请时,每桌都应该有一位主人的代表入座,以便周到地招呼客人。

(4)如果有夫人跟随,男主宾排第一位,其夫人排第二位。

(二)西式宴请位次礼仪

西餐的位置排列与中餐有较大的区别。

1. 西餐位次的排列原则

(1)恭敬主宾原则。在西餐礼仪中,主宾的位置是极受大家尊重的。即使用餐的来宾中有的人的身份、地位和年龄等方面均高于主宾,但主宾仍是主人关注的焦点。在用餐位次安排时,仍应请男、女主宾分别紧邻女主人和男主人就座。

(2)女士优先原则。在西餐礼仪中,坚持女士优先原则,女士处处受到尊重。所以在排定用餐位次时,女主人一般应在第一主位就座,而男主人则须退居第二主位。

(3)以右为尊原则,即在排定位次时,遵循以右为尊原则。即具体到某一特定位置时,其右位应高于左位。

(4)面门为上原则,即面对餐厅正门的位置,通常在位次序列上要高于背对餐厅正门的位置。

(5)距离定位原则。西餐桌上位次的尊卑,和主位的距离远近有关。在通常情况下,距离主位近的位置应高于距主位远的位置。

(6)交叉排列原则,即男女应交叉排列、陌生人与熟人应交叉排列、夫妻应交叉排列。用餐者最好是双数,并且男女人数各半。这一条和我们国家传统习惯有一些不同,我们一般习惯于女士和女士相邻,便于聊天;男士和男士相邻,便于喝酒。

2. 西餐位次具体排列方法

在西餐中,最常见、最正规的餐桌应属长桌,但偶尔也有方桌。下面我们看看这两种桌型不同的位次排列方式。

(1)长桌的位次排列。一般主要有两种方式。

一是法式就座法,即男女主人在长桌中央相对而坐,餐桌两端可不坐人,也可坐人。

二是英美式就座法,即男女主人分别就座于长桌两端。其他宾客分别在长桌两边就座。

(2)方桌的位次排列。方桌排列位次时,就座于餐桌四面的人数应基本相等。

如一桌共坐8人,每侧各坐两人的情况比较恰当。

在进行位次排列时,应使男女主人与男女主宾相对而坐,所有人均各自与自己的恋人或配偶坐成斜对角。

在这里要提醒的是:所有人在入座和离座时都应遵循“左进左出”的原则,即从椅子的左边入座,左边离座。身份高者先入座或离座,身份同等可同时入座或离座。入座或离座时均应动作缓慢轻稳,不要猛进猛出,以免引起他人反感。

三、点菜的礼仪

在职场中,用餐也是一种工作交流。如今的饮食已经不再是单纯要求吃饱,而是更注重口感,更讲究搭配和营养协调,充分享受用餐氛围。要做到这一点,点菜的礼仪就显得尤为重要了。点菜是用餐的初始阶段,它关系到整个用餐的成功与否。

如果因为点菜不周到而让客人不满,不仅会影响整个用餐的效果,甚至会影响合作。

 【案例分享】

刘伟是北京一家电子公司市场部的员工,进公司不久就很幸运地接到了一个大客户,正好对方要来公司参观考察,部门经理让刘伟好好款待客户,用餐费用由公司报销。

于是刘伟带着客户一行到一家很有名的餐厅吃烤鸭。就座后,刘伟马上点菜,他一下就为六个人点了三只烤鸭、十几个菜。其中有一道清蒸鲈鱼,服务小姐问刘伟要多大的鱼,刘伟怕鱼小了显得小气,就说要最大的。

不一会儿,一道道菜陆续上桌,客人们看着一大桌子菜,反而有些不知如何下筷。等到大家都吃得差不多饱了,桌上仍有不少菜。最后服务员又将鱼端了上来,大家都吃了一惊,好大的一条鱼啊!足有三斤重,这怎么吃得下呢?客人们不由皱起了眉头。

这样的招待餐费显然是超标了,刘伟"卖力""大方"的工作却受到了领导的批评。

专家解读

上例中,刘伟宴请客户,在礼仪上做得很不得体。首先,点菜时,没有征询客户的意见,就自作主张点菜,这是很不尊重对方的表现。然后,不考虑人数、分量和招待餐标,直接点了一大桌菜,导致吃不完,这种铺张浪费的行为,更是会给客人留下不好的印象。

（一）由谁来点菜

用餐中,由谁来点菜是很有讲究的。

首先,要看请的客人是谁,被请人的身份地位,以及彼此的关系。因为彼此利益关系、身份地位不同,点菜的方式也会不同。

点菜应注意以下几点。

（1）如果是自己买单,应该先让客人点菜,然后自己再补充。

（2）如果客人是外地来的,不太了解当地风俗特色,尽量由自己来点菜。

（3）如果陪同领导用餐,千万不要因为要尊重领导,或是认为领导应酬经验丰富,而让他来点菜,除非是领导主动要求。

（4）可先征求领导和客人意见然后再点,可以问问大家的饮食喜好,酒水饮料一般可以让领导来定。

（二）点什么样的菜

菜品等级的分类如下。

（1）主菜,即头菜,一般选择最具特色或最精致的菜作为头菜。

（2）副菜一般由鸡、鸭、鱼等组成。如果不适合点高档菜时,这类菜也可成为主菜。

（3）下饭菜：一般可以是炒菜，以鲜和咸的口味为主。

（4）清口菜：以清淡的菜类和蔬菜为主。

（5）汤肴的搭配。

（6）主食的搭配。

（三）点多少合适

（1）点菜数量。尽量点双数，通常以人均1.5～2的倍数为常规（含主食和汤）。如女士或饮品较多时，可适当压缩数量，以免浪费。

（2）凉菜数量。凉菜是正餐前的开胃菜，也是等客菜，可荤素搭配。主宾到了可以先上冷菜，等客人到齐了再上热菜，也不失礼数。

（3）热菜数量。热菜选择比较简单，若配十个菜，则至少应有1～2道主菜，也就是人们常说的"硬菜"。

比如，鱼是可上台面的主菜，依据预算，可点海鱼也可点河鱼。肉有鸡、猪、羊、牛类，选一到两样即可。还要考虑和照顾客人的各种习惯和风俗，有些客人有不同的禁忌。虾也是不错的选择，个头小且数量多，几乎适合所有客人。其他再配点荤素混搭的小炒，基本就可以了。

（4）蔬菜数量。可点两三个时令蔬菜，既清口又比较健康，在餐桌上也是很受欢迎的。

（5）可搭配1～2个口味清淡的汤。

（6）可点1～2样主食，如米饭、面条、葱花饼等。

（四）客人如何点菜

主人一般会让客人自己点喜欢吃的菜，但客人初来乍到又怕点不好。点贵的，有些不好意思；点便宜的，如醋熘土豆丝之类，又觉得不给主人面子。怎么办？客人怎么点菜比较合适呢？客人可以先推辞，如果主人真心诚意让客人点自己喜欢吃的菜，那就尽量点价格适中并适合大众口味的菜，这样做会比较稳妥。

具体点菜技巧如下。

（1）识价格。除蔬菜外，一般荤菜比市场价格贵1.5倍是比较正常的。除特色菜之外，标有"时令""招牌"二字的菜要详细询问，注意甄别。

（2）识风味。可以向主人或服务员打听当地的特色菜肴，对于他们的建议可以参考,但要有选择性,因为有的服务员可能会推荐一些快过期的食材或不新鲜的肉菜,尤其是味重油大的菜要特别注意。

（3）识新鲜。一般饭店都强调蔬菜时令新鲜,但一些反常规的香浓菜要注意原料是否新鲜。

（4）识组合。一整桌菜要考虑整体搭配合适,应注意凉热、荤素、浓淡、汤肴、主食的组合与搭配。

（五）点菜的禁忌

在点菜前,一定要征询用餐人员的饮食禁忌或过敏史,同时还要注意餐标控制。

（1）食物搭配禁忌。有些食物相克,如豆腐和菠菜,同时食用会对人体造成伤害,点菜时要特别注意。

（2）个人饮食禁忌。有些患有疾病的人可能不愿说出自己的禁忌,但作为点菜者来说,应该心中有数。

（3）宗教饮食禁忌。要注意用餐人员是否有宗教饮食禁忌,如佛教徒不吃荤腥食物。

（4）不要超标。要注意严格执行国家规定的用餐标准,控制好餐标。

第二节　用餐过程中的礼仪规范

一、桌餐礼仪

进餐时的礼仪不仅关系到个人的修养内涵,更体现了对他人的尊重和友好。

 【案例分享】

某公司李经理约好下班后请几位老客户到某星级酒店的餐厅用餐,并让刚入职的助理小刘一同前往。因为李经理事先有预约,一行人到餐厅后,服务员便请他们到餐桌前就座。

小刘感觉加班累了,也不讲究该坐什么位置,便率先坐到离自己最近的椅子。菜品上完后,小刘看着一桌的佳肴,肚子也饿了,又率先夹菜开吃。

他为了吃得畅快,在座位上先是脱掉了西装外套,后来吃到"酣畅淋漓",索性又摘掉了领带。

在整个用餐过程中,他一边咀嚼东西,一边发出"吧唧吧唧"的声音;在与旁边的客户说话时,手中的筷子更是在空中挥舞不停,让在场人士很不自在。就在他酒足饭饱后,可能吃东西塞牙了,只见他用手抠牙齿,然后将残渣往外吐……

一顿饭下来,李经理对小刘十分不满。

专家解读

上例中,小刘在用餐时,用餐礼仪方面表现得十分不妥。首先在用餐前,客户还没有入座,自己就先入座,然后没等经理和客户开始用餐,自己就开始动筷,这都是很不礼貌的行为。而在用餐过程中,嘴里还发出声音,交谈中又挥舞着筷子,剔牙、吐残渣等行为更是失态之举,真是有些令人尴尬。

(一)入座的礼仪

1. 听从主人安排

入座时的座位,应听从主陪或招待人员的安排,因为有的宴请主人早就安排好了,甚至一些重要的宴请会有名签。

2. 自己辨别位次

如果座位没定,应注意正对门口的座位是上座,背对门的座位是下座。应让身份高者、年长者以及女士先入座,自己再找适当的座位坐下。

3. 注意姿势文雅

入座时要从椅子左边进入,坐姿要端正,使餐桌与身体的距离保持在10~20厘米;手肘不宜靠桌沿,或放在邻座椅背上,应自然下垂放在自己的大腿上。脚应踏在本人座位下,不要任意伸直或两腿不停摇晃。

4. 注意与人交流

入座后,不要旁若无人,如果有什么事要和主人打招呼。可以先和同席客人进行简单交谈。

(二)进餐时的礼仪

1. 动筷时机

如不是主陪或主宾,切忌先动筷子,也不要眼睛直盯盘中菜肴,显出迫不及待的样子。一般是主人示意开始后再进行。先请客人、长者动筷子。然后等大家都准备开始动筷子时自己方可动筷。

2. 夹菜方法

夹取菜时,自己食盘内不要盛得太多。取菜舀汤,应使用公筷公匙。

如遇本人不能吃或不喜欢的菜,服务员上菜或主人劝菜时,不要拒绝,可取少量放在盘内,并及时致谢。对不合口味的菜,切勿露出难堪的表情。

3. 布菜方式

如果要给客人或长者布菜,要用公筷,也可以把离客人或长者远的菜肴送到他们跟前。按我国的习惯,菜是一个一个往上端的,如果同桌有领导、老人、客人的话,每当上来一个新菜时,应把盘子先转到他们面前请他们先动筷,以表示对他们的重视。

4. 忌出声响

用餐时切忌弄出声音。咀嚼食物时尽量不要出声。喝汤时更要注意,要用汤匙一小口一小口地喝,不宜把碗端到嘴边喝。汤太热时等稍凉了以后再喝,不宜一边吹一边喝。进餐时不要打嗝,也忌出现其他声音。如不慎出现打嗝、打喷嚏等杂音,应及时捂住口鼻并向其他人致歉,可以说"真不好意思""对不起""请原谅"之类的话以示歉意。

5. 杂物处理

吃剩的骨头、鱼头、鱼刺、硬壳等杂物不要直接外吐或用手取出,应用筷子夹出(用西餐时,可吐在叉上),然后放在骨盘内或事先准备好的纸上,不要随意放在桌上。

6. 餐后剔牙

用餐完毕后,最好不在餐桌上剔牙。如实在需要剔牙时,可用餐巾或手挡住自己的嘴巴。剔牙时动作不宜太大,剔出的东西和用过的牙签要用餐巾纸包好放在骨盘内。

7. 祝酒时不要交叉碰杯

在主人和主宾致辞、祝酒时,其他人应暂停进餐,停止交谈并注意倾听。碰杯时,目光要正对对方以表诚意。和职位比较高的人碰杯时自己的酒杯应低于别人。

（三）交谈的礼仪

1. 用餐目的要明确

用餐前,要明确此次用餐的主要任务。是以谈工作为主,还是以联络感情为主。

2. 位次安排要方便

如果是以谈工作为主,在安排座位时就要注意把主要谈判人的座位相互靠近,方便双方交流。交谈的内容应围绕此目的来进行。如果是以联络感情为主,也需要注意一般性的礼节。无论主人还是客人,都应积极参与同桌人的交谈,特别是左右邻座。不能仅同熟人或只同一两人交谈。邻座如不相识,可先作自我介绍。

3. 交谈语言要风趣

风趣的话语可以调节气氛。不要光顾着低头吃饭不管别人,也不要狼吞虎咽,更不要贪杯。

4. 其他注意细节

（1）自己手上如持有刀叉等尖锐餐具,或他人在咀嚼食物时,均应避免跟人说话或敬酒。

（2）用餐过程中,不宜抽烟。如需抽烟,须先征得邻座的同意。

（3）进餐的速度,宜与主人同步,不宜太快,亦不宜太慢。

（4）食毕,餐具务必摆放整齐,不可凌乱放置。餐巾亦应折好,放在桌上。

（5）最后离席时,须向主人表示感谢,必要时还可提出邀约以表回敬。

二、自助餐礼仪

自助餐是一种能够调动用餐者主观能动性的用餐方式。在职场,采用自助餐的形式来招待客人,不仅便于工作和进食,还能让客人有强烈的自由感和丰盛感。自助的形式,更能体现用餐人员的修养内涵。作为职场人士,吃自助餐时,一定要掌握应有的礼仪规范。

【案例分享】

小萌应聘到一家广告公司做策划助理,恰逢公司举办的庆功宴会。地点在一家五星级酒店的自助餐厅。小萌向公司前辈刘姐请教,穿了一件雅致的小洋装,舒适得体。

一到餐厅,小萌看到长长的餐台上已经准备了丰盛的佳肴,不禁垂涎三尺。她想,既然是自助餐,又没人管,自己一定要吃得尽兴,于是拿着餐盘自行取餐。小萌围着长长的餐台走了一圈,几乎将所有的菜品都"扫荡"了一番。来到糕点区,小萌看到有两位来宾正在等候,自己用餐心急,也不管不顾,越过来宾就率先取了自己想要的糕点离去。最后,小萌的餐盘堆成了一座小高山。

周围人士都投来了异样的眼光。由于取的食物太多,小萌吃到最后又剩下了很多。同事刘姐前来小声地给她提醒了自助餐礼仪,小萌不好意思地羞红了脸。

专家解读

上例中,小萌参加自助餐宴,有的地方做得很不妥当。虽然,在穿着上随意舒适是符合自助餐宴要求的。但在取餐过程中,取的食物过多,是不合礼仪规范的,一是让人觉得有失修养,二是多了吃不完造成浪费。另外,不按次序抢先取餐,也是不尊重他人的失礼之举,最后让自己陷入尴尬境地。

(一)自助餐的基本要求

(1)形象自然。吃自助餐时,没必要穿晚礼服、西服套装等太正式的着装,只要形象自然得体即可。

(2)时间自由。参加自助餐宴会时,没必要像参加正餐宴会那样准点到场,或者与大家一起退场,可以根据自己的时间,在用餐规定时间内自由安排就好。

(3)不排座次。严格来讲,自助餐是不排列座次的,多半是自由落座。

(二)自助餐就餐礼仪

(1)要了解菜序。标准自助餐的餐序通常为:冷菜、汤、热菜、甜品、水果,最后以喝饮料结束。当然,也可以根据个人喜好来选取和食用。

(2)要排队就餐。用自助餐时,一定要依次排队,按照统一的方向跟着大家一起行动。如果人不多时,场地也不是很大,可以先巡视一下全场,了解这个餐厅能提供什么餐饮,冷的有什么,热的有什么,又有什么甜品、水果、饮料,哪些是自己比较喜欢吃的,做到用餐前心中有数。

（3）要多次少取。多次少取,是自助餐现场取菜最基本的礼仪。把所有的菜统统放在一只盘子里,既不好看,也会影响味道。有经验的人在吃自助餐时,一般在一次可以取几样时,会在自己的盘子里分设几个区域将食物按类别分开。也可以一次专攻一项,比如吃冷菜时专门选择冷菜,或者只取一样菜肴,可以吃完了再去取,反复去也是不失礼节的。

（4）要送回餐具。提倡用完自助餐之后,自己送回使用过的餐具。

（5）要利己利他。自助餐礼仪中还强调自我照顾和照顾他人。不要只吃不说,任何宴会,吃饭只是形式,社交才是真正的内容。在吃东西时不要发出声音,现场不要吸烟,不宜当众化妆。适当地向来宾介绍菜肴,但不能向别人摊派菜肴。

（三）自助餐就餐注意事项

（1）分餐取用。自助餐实行的是“分餐制”。取菜前,每个人应准备好自己的食盘、汤碗等餐具。取菜时,应用公用的餐具将食物放入自己的食盘内,切忌用自己的餐具取菜,以免引起其他客人的反感。

（2）自取自用。在取食物时还要遵循一个原则:只取自己的。

有些好客的人看到自己喜欢的好菜,不禁会多取一些给同桌或同行的其他人,这样反而会令同伴尴尬。因为自己喜欢的菜并不一定是别人也喜欢的。更不宜采取中餐劝酒劝吃的做法。

（3）适量选取。参加自助餐会,应遵循前面所说的“多次少取”的原则,取食时要量力而行。每次少取一点,品尝之后,如感觉不错可以再取,当然前提是吃完盘内的食物再去,避免“多吃多占”。取到自己盘里的菜点,即使不爱吃,也绝不能再倒回去,可剩在盘中,放在桌边,待服务员取走。如不小心取多了且实在吃不完,可待服务员收盘时道声“对不起”。

（4）禁忌打包。无论如何都不可将自助餐打包带走。即便是不用付费的内部自助餐也要遵守这一点。否则可能会受到餐厅的处罚或其他客人的鄙视。因为自助餐很大程度上是一种自律的体现,也是对一个人修养的检视。

（四）自助餐的食物特性

如果是单位自己组织策划活动,在自助餐的选择上,为就餐者所提供的食物,既要有其共性,又要有其个性。

（1）食物共性。一般情况下，为了便于就餐，自助餐以提供冷食为主；为了满足就餐者的不同口味，也应当尽可能地使食物在品种上丰富多彩；为了方便就餐者进行选择，同一类型的食物应被集中在一处摆放。

（2）食物个性。在不同的时间或是款待不同的客人时，可以根据用餐客人的不同喜好在食物具体品种上有所侧重。除此之外，还可酌情安排一些时令菜肴或特色菜肴。

（3）类别周全。虽然自助餐既有共性，也有个性，但在筹备中还是应该考虑提供包括冷菜、汤、热菜、点心、甜品、水果以及酒水等几大类型的菜肴，只不过是数量上可以有所侧重。

第三节　用餐结束后的事务性礼仪

一、馈赠礼仪

馈赠是一门学问，也是一门艺术。馈赠礼品，已成为现代职场人际交往的重要环节之一。作为一种非语言的交际活动，礼送得好，会事半功倍；送得不好，则会适得其反。得体的礼物能起到以物表情、礼载于物、寄情言意之"无声胜有声"的作用。馈赠以物的形式出现，给交际活动锦上添花。只有掌握馈赠的礼仪规范，才能真正发挥馈赠在交际中的重要作用。

 【案例分享】

某公司举办商务宴会，邀请了同行业重要人士出席。公司特意准备了精美的礼品，在宴会结束后赠送给贵宾。

总经理秘书林芳，负责在宴会后协助总经理送别来宾并赠送礼品。用餐过后，有一位贵宾说有点累，想休息一会。总经理让林芳先陪同这位贵宾到休息室休息。到了休息室，林芳想不如把准备的礼品送给这位贵宾，给对方留下好印象。

于是，林芳上前，对比较疲劳正要休息的贵宾说道："非常荣幸能邀请到您来参加本次宴会，这是我们总经理特别准备的礼品，希望您能喜欢。"然后，恭恭敬敬地双手将礼品递给贵宾。不料，贵宾接过礼品不但没有高兴，反而脸上出现不悦之色。

事后,林芳被总经理严厉批评了一番。

 专家解读

上例中,林芳作为接待工作人员在馈赠礼品时,做得不够妥当。首先,此时的来宾有些疲劳,正需要休息,这个时候送上礼品是不合时宜的。应该是等到来宾休息好,准备道别时再送。更重要的是要考虑到贵宾的身份,应该由主方具有高职位的人士赠送,才能显示对贵宾的重视,而不能由工作人员直接赠送。

（一）馈赠礼品的选择

挑选礼品是一件比较难的事情。馈赠者首先要根据受礼者的性别、婚姻状况、教养、喜好及其家庭的情况,对礼品进行认真的选择。同时要考虑挑选具有鲜明特色、使用价值比较高,也不违反相关规定的礼品。

一般来说,在礼品的选择上应遵循以下原则。

（1）礼品在巧,即用意要巧妙,要有特定的含义。所选礼品应精致而灵巧,高档产品和特产是较好的选择。例如,精美的名片夹可以送给工作上的合作伙伴;本地的特色产品可以赠送给外地宾客。

（2）礼品在小。所赠礼品一般应以携带方便为宜、小巧玲珑为佳。如果礼物不易搬动,送时兴师动众,反倒会让受礼者甚是尴尬,好心的礼物成了宾客的累赘。

（3）礼品在少。送礼应遵循少而精的原则,公司的宣传画册、主打产品、建筑模型等,都是很好的馈赠礼品,既具有纪念意义又具有宣传效应。在重大活动中,以公司的名义正式向来宾赠送礼品,主要是突出礼品的纪念性。

（4）包装在精。赠送的礼品包装要精美,不可把一堆没有包装的礼品随便塞在一个提袋里就送给客人,这是不尊重对方的行为。送礼,主要表现在"礼"字上,所以对礼品的包装一定要讲究。

（二）赠送的时机

当自己以东道主身份宴请来宾时,通常是在对方告辞之前赠送礼品,若是非常重要的贵宾可将其送至下榻处后赠送。

（三）送礼的礼仪

（1）规格要对等。如有贵宾来时，赠送的礼物一般是代表单位或有纪念性意义的，应由己方最高领导送上，或由身份较高之人代表最高领导送上，以示对客人的尊重。如是一般客人，则由相应级别的人员或负责接待的人员赠送即可。

（2）适当加以说明。首先应介绍一下礼品有什么寓意，其次再介绍礼品的用途，最后还要强调礼品的特殊价值，譬如一本初版图书、一套限量版的邮票等。这样会让客人感到礼品的弥足珍贵。

（四）职场馈赠的禁忌

由于人们的民族、生活习惯、宗教信仰以及性格、爱好的不同，不同的人对同一礼品的态度是不同的，或喜爱、或忌讳、或厌恶等，把握住投其所好、避其禁忌最为重要。

（1）不送现金，信用卡、购物卡、有价证券等与货币等同使用的各种代金卡券。

（2）不送价格过高的奢侈品、天然珠宝、贵金属和首饰。

（3）不送可能影响健康的药品、食品等物品。

（4）不送容易引起异性误会的私密性物品，如内衣等。

（5）不送带有明显广告性和推广性的宣传物品。

（6）不送带有明显不道德图案和文字的物品。

（7）不送涉及国家机密或者商业秘密的物品。

（8）为受礼人所忌讳的物品。中国人普遍有"好事成双"的说法，凡是大喜大贺之事，所送之礼均好双忌单。中国人还常常讲究不能给老人送"钟"，不能给夫妻送"梨"。以上各类禁忌在送礼时都应注意。可根据各民族的特点选送宾客称心的礼品以增进友谊，反之会引起宾客的反感。

（五）受礼者的礼仪

当别人赠送礼品时，受礼者应注意以下礼仪。

（1）收到礼品时，应双手捧接，并立即表示感谢。

（2）中国人收礼后一般要等客人走后才打开包装。若礼品比较珍贵，还是应当面拆开包装，并加以赞美或感谢。而外国人则习惯当着客人的面打开包装赞美礼品。

（3）如果收到的礼品不合心意，也应当像接受自己所喜欢的礼品一样，说上几句感激对方和赞美礼品的话。

（4）中国人崇尚"礼尚往来"，接受馈赠后，应想办法回礼才合乎礼节。

公务接待中赠送和收受的礼品应按国家相关规定执行和处置。

二、娱乐礼仪

现代职场，用餐结束后的娱乐活动已成为人际交往不可或缺的润滑剂，特别是对增进商务人士感情联络有着不可忽视的作用。娱乐活动的种类繁多，包括参加舞会、观看演出、观光名胜，或到 KTV 一展歌喉，放松心情等。

掌握好接待用餐后的娱乐礼仪，不仅可以更好地增进双方的感情联络，还能使彼此的交谈更加自然放松，更便于促成合作。

 【案例分享】

某外贸公司举办商务洽谈会，邀请了业内重要人士来参加。郭明是公司的业务经理，负责接待其中一位大客户王女士。洽谈期间，王女士谈吐得体，但始终给人一种难以接近的疏远感，关于合作的事也模棱两可。

用餐结束后，公司还在职工活动中心安排了一场小型的职工舞会，以增进彼此了解。郭明借机邀请王女士共舞。他礼貌周到地陪同王女士进入舞池。刚开始王女士还有点僵硬，几次险些踩到郭明的脚，但郭明始终耐心地配合王女士的舞步。优美的乐曲、美妙的灯光，以及郭明真诚的微笑，让王女士明显放松下来，两人的舞姿渐入佳境。郭明适时夸赞道："王总的华尔兹跳得真好!"双方视线交流，舞步逐渐协调，氛围甚是融洽。谈到高兴处，王女士说："贵公司员工的精神风貌和企业文化很不错。这次来，希望能和贵公司有愉快合作。"

专家解读

上例中，郭明与客户在洽谈时，合作谈得并不顺利。但郭明巧妙地利用餐后娱乐活动，邀请王女士共舞，来拉近彼此距离，增进感情，是非常明智的举措。在共舞的过程中，郭明始终彬彬有礼，又不失时机地夸赞客户，让王女士逐渐放松了心情，也看到了该企业员工不错的精神风貌和企业文化，最终促成了合作意向。

（一）参加舞会礼仪

1. 个人形象

（1）服装要整洁、大方，仪容要修饰精致。

（2）女子可以化淡妆，佩戴首饰，衣着漂亮优雅。

（3）男子应修面，头发要梳理整齐。一般着西服，显得大方、儒雅、绅士。

（4）忌身体有异味，可自行检查口腔是否有蒜味、酒气等，若有，最好喷洒点淡淡的香水。若知道要接待客人或参加舞会，应避免食用易产生异味的食品。

2. 进入舞池

（1）首先应先坐下来，观察一下全场情况，适应一下气氛。

（2）如果自己没有带舞伴，最好找熟悉的人先跳一两曲。再慢慢寻找合适的舞伴，最好是邀请没有带舞伴的异性。在国外正式的舞会上，第一场舞曲，都是由高位开始，主人夫妇、主宾夫妇首先共舞，第二场主宾夫妇交换共舞，第三场才开始自由邀舞。

3. 邀舞礼仪

一般都是男士邀请女士共舞，邀人跳舞时应彬彬有礼、姿态端庄。

男士走至女方面前，应微笑点头，以右手掌心指向舞池示意，并说："您好！可以请您跳个舞吗？"对方同意后即可共同步入舞池。如果对方谢绝，则不必介意，更不应勉强行事。

作为女士，拒绝男士邀舞时，应态度和蔼、婉言谢绝，可以说："不好意思！我想休息一会儿。"

4. 舞池礼仪

进入舞池后，就可跟随舞曲曲式和节奏起舞。姿态要端正，身体要正直、平稳，切勿轻浮，但也不要过分严肃。双方眼睛自然平视，目光从对方右上方穿过。不要摇摆身体，不要凸肚凹腰，不要把头伸到对方肩上。

5. 终曲休息

当一支曲子结束后，男士要对女舞伴致谢，可说："您跳得真好。"并把女舞伴送回原来的位置。

6. 池中休息

休息时，不宜抽烟，乱扔果皮，切忌大声喧哗，不要在场内随意走动。

7. 出席时间

出席舞会在时间上相对比较自由灵活,可以早去,也可以晚去,中途也可以退场,这些都是正常现象。但如果是陪客人,则应以客人的退场时间来定。如遇熟人,应和熟人打招呼后再离去比较合适。

(二)观看演出礼仪

1. 着装适宜

当出席室内演出时,女士着装应端庄、典雅、大方、整洁。男士通常应选择正式、端庄的深色衣着,切忌因为盛夏暑热而穿背心、大裤衩、拖鞋等太随意的服装出入演出场所。如遇有特殊要求的,应自觉遵守。

2. 礼貌入场

提前15~30分钟进场,并对号就座。如果迟到,由工作人员引导入座,或先在外厅等候。如果时机不适合,则等到幕间休息时再入场。如果入座时打扰了他人,应表示歉意。如果戴着帽子应摘下,以免影响后边观众观看。

3. 文明观演

(1)保持安静。观看演出时,不要交头接耳或大声说话;不随便走动;将手机关闭或调成静音状态;在观演过程中一般禁止饮食。

(2)学会鼓掌。要有礼貌地在演出高潮时适时鼓掌,这是表达对演员、指挥的尊敬、钦佩和谢意。无论演出如何,都不应该出现打口哨、喝倒彩等不文明行为。

(3)不随意拍照。有的剧场有规定:未经允许,请不要随意拍照。要注意相关提醒。

4. 有序退场

演出结束后,不要匆忙离场,一般应等演员谢幕后,再有序离场。退场时,一定要自觉将自己产生的垃圾带走。如想与演员合影,要先征得对方同意,不可鲁莽行事。同时,不要出于好奇心对演员的道具随便触摸,以免损坏。

(三)KTV礼仪

KTV也是餐后娱乐、联络感情的好去处,但不要在KTV成为以下五种人。

（1）当麦霸的人。

（2）切别人歌的人。

（3）抢唱别人歌的人。

（4）不关注别人唱歌的人。

（5）高傲的听众。

（四）观光礼仪

有时,作为外地来的客户,用完餐后,去当地的名胜古迹观光,也是一项不错的活动选择。作为主方,应尽地主之谊,热情陪同。

观光时应注意以下礼仪。

（1）爱护观光地区的公共财物,不可乱写、乱画、乱刻。

（2）尊重周围的人,说话音量适当,避免影响他人。

（3）不要随地吐痰,所有垃圾应用塑胶袋收集起来并带走。

（4）如有生火,务必遵照安全规定加以熄灭。

以上娱乐和观光活动均不得违背国家相关文件规定。

第九章

职场人士的社交礼仪

第一节　参加同事婚丧嫁娶活动的礼仪

一、参加同事婚礼的礼仪

在现代职场中,人际关系微妙多变,参加同事的婚礼是常有的事情。参加同事的婚礼对你来说,可能是真心的祝福,也可能是无奈的应酬。对于新婚夫妇来说,婚礼是人生中最重要的事情之一。所以,无论如何,参加婚礼的时候,一定要打起精神,做好应有的礼仪,不要给同事的婚礼留下遗憾。第一次参加同事婚礼的职场新人,尤其要注意。良好的礼仪能使同事之间的关系更加融洽,而不能做到的话,则可能会破坏同事之间的关系。

【案例分享】

陈曦是个"90后",性格比较张扬,刚从大学毕业,在一家网络公司工作。部门同事张姐举行婚礼,邀请所有同事参加。作为职场新人,陈曦还是第一次参加同事的婚礼,既紧张,又有些新奇。

她不想在婚礼上丢面子。于是,婚礼当天,陈曦特意穿了一件红色的蓬蓬裙,为了让自己看起来成熟一些,她将头发烫成了波浪形,化了一个烟熏妆。因为没注意控制时间,陈曦到达婚礼现场时,婚礼已经开始,陈曦连忙找了一桌坐了下来。

陈曦这一身"妖艳"的打扮,吸引了不少宾客的目光。看他们的眼神,似乎在说:"这是谁?今天的新娘到底是谁?"

穿着一身大红旗袍,头发高高盘起的张姐,在看到陈曦那"妖艳"的打扮之后,脸色顿时就不好看了……

 专家解读

案例中,陈曦在同事结婚的时候,并没有注意到礼仪。首先,她的打扮太过"妖艳",不仅抢了新娘的风头,还给人一种不稳重的感觉。其次,参加婚礼迟到,是不尊重新婚夫妇的表现。这些失礼行为可能会影响同事间的关系。

如何做才符合参加同事婚礼的礼仪呢?

（一）注重形象

（1）穿正式服装参加婚礼,以示尊重新人,切勿穿短裤或凉鞋。

（2）婚礼上不宜穿黑色衣服,以免让新人感觉晦气。

（3）服装颜色和款式不能与新人"撞衫"。

（4）男士穿深色西装,衬衫打领带,黑色袜子配黑色皮鞋。

（5）女士不能穿得比新娘更"抢眼"。

（6）如果只是参加酒席,穿正装、连衣裙即可。

（7）如果婚礼招待会后举行舞会,或主人在结婚请柬上注明,应穿更隆重的服装,颜色应以紫色、绿色、粉红色、灰色、酒红色等为主。

（8）参加外国朋友的婚礼,如果是教堂婚礼,一定要穿得隆重一些。一般来说,欧美的主人都会在结婚请柬上写明应穿什么服装。

在此提醒大家:"绿叶"不要和"红花"争宠。

婚礼当天,新郎新娘永远是主角。现在的婚礼一般都是中西合璧,新娘既穿西式婚纱也穿中式礼服。为了不抢新娘的风头,尽量不要穿白色、浅米色或者大红色的服装。

（二）礼金红包

（1）收到同事的喜帖后,应先说一声"恭喜",再告知对方是否出席,这样对方才能掌握准确的出席人数。

（2）结婚是人生大事,红包一定要喜庆,一定要写上祝福语。

（3）礼金应是偶数,偶数代表着祝福,最忌讳单数和"4",礼金的纸钞最好是新的,红包要用红色的。

（4）在签到台前,向新人及其父母道贺,并报上自己的名字,感谢他们的热情招待。随后,递上礼袋或红包,正面朝上递给对方,并在签名簿上签名。如夫妇一同出席,先写先生姓名,再写太太姓名。

（三）提前到达

（1）参加婚礼,务必提前到达。

（2）如有事迟到或早退,应事先通知对方。

（3）迟到时请勿自行进入婚宴会场,最好由接待人员带领进入婚宴会场。

（4）若要早退,应待新娘娘家的客人退席后,再退场。

（5）新郎新娘在应酬时,客人如有事要提前离开,可以通知周围的朋友,不必特意向新人打招呼,以免带来不便。

（四）认真聆听致辞

（1）别人在礼台上致辞时要安静聆听,不要大声喧哗。

（2）致辞时可能要边听边用餐,但要记住必要时一定要放下餐具鼓掌。如果同桌有人上台演讲,尽量不要用餐,要专心聆听。

（五）敬酒发言

（1）如果你跟同事的关系很好,要在席间敬酒,向新郎新娘表示祝福。若席间有 10 位宾客甚至更多,请务必站起身来。如果是在人数较少、彼此都熟识的场合,则可以坐着敬酒。

（2）为了引起别人的注意,可以先说几句开场白,比如:"女士们,先生们,我要向某某先生(女士)敬酒。"或者也可以不说得那么正式,只要声音比正常说话时大一点即可。

（3）如果你是以敲杯沿的方式来引起他人注意,请不要太过用力,以免把杯子敲破。

（4）向新人敬酒时,可以幽默风趣、率真感人,也可以戏谑,这些都无伤大雅。你的态度可以严肃,也可以机敏谐趣。最重要的是,你应该事先做好准备,态度要诚恳。

（5）在婚宴上,每次敬酒的时间不宜超过 3 分钟。

（六）切忌评判新郎新娘

结婚是人生大事。请记住:婚礼当天属于新郎新娘,无论新郎新娘衣着打扮如何,都不宜评论。一个玩笑,可能会传到亲戚朋友的耳朵里,进而影响同事之间的关系。

适度搞笑又有意思的游戏环节确实有助于将婚宴的气氛推至高潮,新人也会心甘情愿地配合,但是谨记不要做得太过分。

二、参加同事葬礼的礼仪

葬礼是生者对逝者一生的纪念和总结。葬礼礼仪是各民族传承下来的一种特殊文化,是人们吊唁和缅怀死者的一种方式。职场人士,参加葬礼也要遵循相应的礼仪规则。

葬礼本身的沉痛氛围与凝重气息,要求参加葬礼的人谨言慎行。如果此时细节上稍有疏忽,就可能给逝者亲人带来身心伤害。所以,在参加葬礼时一定要小心谨慎。

 【案例分享】

在某职业院校工作的张老师,因一场疾病不幸去世。

学校同事对张老师的离世感到沉痛惋惜。小胡是张老师部门的同事,平时受张老师的关照比较多,她想无论如何都要在葬礼上送张老师最后一程。

葬礼前一天,小胡准备好了得体的黑色套装,并掐好了到达葬礼地点的时间,定好闹钟,早早上床睡下了。

第二天,小胡准时起床,收拾妥当后出门。不料天下起了大雨,导致打车困难。经过几番周折,小胡终于抢到一辆出租车,前往葬礼地点。

等到小胡到达时,葬礼已经开始。小胡正匆忙地进入会场,尖锐的手机铃声霎时在庄严肃穆的氛围中响起。所有的眼睛都齐刷刷地朝小胡看过来,小胡赶紧从包里翻出手机按下静音,她看着张老师悲伤的家人,愧疚地低下了头……

专家解读

上例中,小胡参加同事的葬礼,有些地方做得很不妥当。首先,准备得体的葬礼服装是很有必要的。但她没有考虑意外因素,掐着点去参加葬礼,结果意外遇到下雨,耽误了时间而迟到,这是很失礼的行为。再者,到达葬礼现场,没有将手机关闭或调成静音是非常不尊重逝者及其家属的表现。可见,参加葬礼有很多细节需要注意。

(一)参加葬礼的原则

1. 守时——最好提前到场等候

准时或提前到达葬礼现场,是对逝者最起码的一种尊重。如果实在不幸迟到,切忌咋咋呼呼地向主人解释迟到理由,也不要做出任何令人反感的举动,安静肃穆到位即可。最好的方法是提前出发避免迟到。

2. 庄重——态度和表情保持严肃

(1)语言忌讳。参加葬礼时,人们的心情本来就比较悲痛,所以应少提"死""惨"等让人联想到不幸的词汇。

(2)保持严肃。葬礼会场是庄严肃穆的,吊唁者言辞应尽量收敛。切忌嬉笑打闹或高谈阔论,这样的行为都是对逝者及家属的大不敬。应全程保持肃穆,压低说话的音量,举止要稳重而轻缓,这也是对逝者及家属的尊敬。

(二)参加葬礼的礼仪

(1)切勿穿着艳丽的服装参加葬礼。男女均应着黑、蓝等深色服装。女士不应涂抹口红,更不能化浓妆;不戴鲜艳的围巾或帽子,尽量避免佩戴饰物,可戴墨镜。如需要佩戴首饰,则尽量佩戴白珍珠或素色饰品,形状不宜大或怪异,首饰避免佩戴黄金。男士可戴墨镜,内可穿白色或暗色的衬衣。

(2)切勿喧哗或中途退场。在葬礼上喧哗,是对逝者及家属的不尊重。

除非有特别着急的事情,在参加葬礼中途不与主人打招呼就无声无息地离开是一个不能犯的错误。

(3)切记将手机关闭或调成静音。试想,当所有人都沉浸在悲痛之中,这样的氛围突然被一个刺耳的铃声打破时,会不会引起他人的愤怒,尤其是逝者家人的厌恶?开会尚且需要关闭铃声,更何况是葬礼呢?

(4)参加葬礼时,一定要记得带上礼物和问候。对于高龄的老人,因为"老"而故去,是不可抗拒的自然因素,任何人都无能为力,因此这类悲伤会稍微轻一些。不过,丧事总归是一种悲痛的事情,在吊唁的时候要显示出悲伤的情绪,更要说些安慰家属的话。如:"愿老人家一路走好。"

另外一些则是"哀丧",这些死亡一般都是由于意外导致的,如车祸、疾病等。

这种情况,要及时关怀和安慰亡者的亲属,但忌讳一些失当的举动,如号啕大哭,以免加重亲属的悲痛情绪,甚至造成场面的失控。在措辞上也要注意分寸,作为慰问语一般可以说:"这次事情太突然了,谁都没想到。""这次事情真令我悲痛,请节哀。""衷心表示哀悼,请保重身体。"

(三)葬礼礼物选择

参加葬礼时,可根据情况送去不同的礼金或礼物,以表达对家属的慰问。

1. 祭奠礼金

在追悼会上,人们常常送的是一些礼金,这是一种约定俗成的交往礼仪,又是吊唁者的一份心意。毕竟在开追悼会时总是需要开销的,礼金能够减轻亡者家属的经济负担。记得,礼金千万不能用红纸包装,最好用白色或素色纸封套包好,用黑色笔写上"帛金""奠仪"之类的文字并署名。公职人员要严格按照国家相关规定执行。

2. 祭奠礼幛

礼幛也是挽幛、挽轴、挽额的统称。在对逝者的祭奠中,一般都会有礼幛。礼幛上的题词不拘形式,通常以四字为多,多是竖写;横写的一般称"挽额"。

3. 祭奠礼品

祭奠礼品一般会有香烛、纸钱、果品之类的祭祀用品,或逝者生前心爱之物。也可根据各地的乡俗选择,同时也可随祭品附送礼单帖,以便家属了解和使用。

4. 花圈或花束

送花圈一般要写有挽带,有上下款,上款写对亡者的称谓和极简短的悼词,表示对其的怀念;下款写个人或单位署名。而花束一般用鲜花,颜色为黄、白两色,切忌送颜色鲜艳的花。

葬礼送的花也有诸多讲究,因为每一种花有其不同的含义。所以,在选择时一定要明白其含义。

以下各种花分别代表不同的含义。

(1)翠菊的含义是追念和哀悼。

(2)白菊表示对逝者真诚的哀悼。

（3）黄菊和白菊扎在一起代表肃穆哀悼。

（4）要表达对逝者有留恋之意或让逝者走好就用黄色和白色的康乃馨。

（5）白色大花一般用来布置灵堂和灵车，以寄托对逝者的哀思。

第二节　参加同事纪念日活动的礼仪

一、参加同事生日庆祝活动的礼仪

参加同事的生日庆祝活动，虽说是放松的时刻，但也不能无所顾忌，应有的礼仪不可怠慢。对于寿星而言，生日应该是一年中最重要的一天，可别让一些小细节破坏了整个生日庆典的氛围。

【案例分享】

刘蓉和马丽是一家广告公司同部门的员工。单身的两人平时关系也很不错，私底下开起玩笑来，也无所顾忌。今天恰逢马丽过生日，要在家举办一个小型的生日宴会，当然也邀请了刘蓉参加。

刘蓉准时来到马丽家，她穿了一件款式简洁的鹅黄色小洋装，正好衬托了马丽的玫红色高腰公主裙，既清新活泼又不喧宾夺主。刘蓉见了马丽的亲朋好友，也不拘束，一一打了招呼。大家都说马丽的这位同事真是和蔼可亲、大方有礼。

然而，吃了寿面，切了蛋糕，喝了香槟后，刘蓉再次向马丽举杯祝贺，她笑嘻嘻地说道："丽丽，今天又老一岁了，赶紧找个男朋友把自己推销出去吧。"马丽的父母露出了不悦之色。

吃完饭后，几个年轻人开始相互涂抹蛋糕，桌椅碰得嘎吱响，地上散落的橘子皮差点让刘蓉滑倒，她大叫出声。这时，楼下的邻居找上门来，最后，大家只能不欢而散。

专家解读

上例中，刘蓉参加同事的生日会，礼仪上有得体之处，也有不妥之处。首先，为了不抢寿星的风头，刘蓉选择一件简洁的小洋装，准时到达，并且大方地与其他宾客交流，这些都是很得体的做法。然而，她在向同事祝贺时，不顾场合,说了不合时宜的话,让同事的父母感到不悦,这是很失礼的。此外,大家游戏时动静太大,导致邻居找上门来,更是失礼之举。挺好的一场生日庆祝会最终以不欢而散收场。

(一) 仪表举止礼仪

参加同事的生日庆祝会时,首先要选择合适的服饰。

(1) 着装的风格应整洁庄重,色彩建议选择色调比较明快、含有吉庆之意的红、黄等颜色的服装。

(2) 不宜穿全黑、全白或黑白相间的服装。

(3) 因为是同事的生日庆祝会,他(她)才是焦点,所以自己穿着不能太抢眼。同时还应考虑聚会的场合,如在家里可随意一些,在酒店应穿着较正式的服装。

(4) 妆容应配合你的衣服,要相互呼应。一般的生日聚会,化些淡妆就可以。

(5) 表情要亲和喜悦,请记住一定要保持微笑,让微笑感染别人。

(6) 语言要得体,不说不利于生日氛围的话语。

(7) 在聚会上的行为举止要文明,切忌大声喧哗吵闹,以免影响邻里。

(二) 准时到达

参加同事的生日庆祝活动时,要尽量提前 10 分钟到达。

如果有事确实要迟到了,一定要先给主人打个电话或发微信表示歉意,告诉主人你大概还需要多长时间才能赶到,以便主人调整活动,然后赶快赶过去,以免影响整个活动的开始。

如果是比较正式的庆祝活动,主人会在邀请时注明活动的大致时间,客人最好在预定时间到达。如果到的时间太早,说不定主人还在忙于准备,也没有时间来接待。活动结束后,逗留的时间也不宜超过主人预定的结束时间,以免影响主人休息。

(三) 赠送礼物

参加生日庆祝活动时,要带生日礼物,礼物可根据寿星的爱好或者需要进行遴选。若是寄生日贺卡,应在生日会之前寄达。

如果是为年龄较长的公司前辈祝寿,要预先备好寿礼。寿礼一般可选用做工精细、包装精美、精致实用，又含有祝贺健康长寿、吉祥如意等意义的物品或食品。

到达庆祝场所时，注意一定要首先向寿星致礼。

在庆祝活动开始前，主人一般会站在会场入口处接待问候客人，客人应注意回礼祝福。切勿置主人于不顾，径直走进场内，这是很不礼貌的行为。

（四）生日祝酒词

聚会开始，点燃蜡烛，来宾应向生日主人致祝词并敬酒。

常用祝寿语有：对年长者一般用"福如东海、寿比南山，天地比寿、如松如柏，寿星高照、松鹤延年"等比较传统的祝寿语；对年轻人一般用"身心愉快、青春永驻、貌美如花、人见人爱"等祝寿语。切忌在用语中出现"死""病""灾"等不祥字眼。

也不要因为与同事关系比较好，而不顾周围宾客的感受，说一些不符合礼仪的话语。

祝词时，主客之间行礼要庄重，一般对长者可以用抱拳、作揖、鞠躬等方式。在年轻人之间，则可以用握手、拥抱等礼节。

（五）其他注意事项

（1）有时生日庆祝活动，还可视情况表演些活泼轻快的节目，或举行舞会助兴。作为客人，应遵循主人的活动流程，一般不宜中途退场。

（2）如果生日庆祝会是在家里举办，还要考虑一些需要注意的事项。

例如，搬动桌椅要轻些，不要在屋里乱跑乱跳、大声喧哗，音响音量不要太大，以免打扰邻居。

不把果皮、烟蒂等垃圾往楼下扔。

要注意掌握时间，不要玩得太晚，适时告辞，以免影响邻居休息。

（六）生日主人的礼仪

客人前来参加庆祝会，作为生日主人，同样要注意礼仪。

生日庆祝会，有时除了邀请同事还会有其他许多亲朋好友来参加，也就会使不算熟悉甚至是根本不认识的客人共处一室。作为主人，要主动、积极地为同事和其他客人进行引荐；当然，作为客人，也要热情、大方地作出回应，礼貌地交谈，毕竟多交一些朋友不是坏事。

生日聚会可在家或饭店进行，应事先准备好生日蛋糕与蜡烛。

如果是在家里举行庆祝活动，主人要事先搞好家庭卫生，对房间进行适当装饰，以营造比较热烈的气氛。

活动开始前，生日主人应站立在门前迎接客人，并对每位客人说："感谢光临！"

生日会结束后，主人应将来宾送至门外，并再次表示感谢。

二、参加同事其他纪念活动的礼仪

自古以来，人们都会为了重要的事情而举行纪念活动。现代社会，纪念活动更成为社交活动中常见的形式，是人们表达友谊、增进交往的一种方式。

作为职场人士，有时免不了要参加同事举办的各种纪念活动。除了常见的婚丧嫁娶外，还有如乔迁新居、晋升之喜、孩子满月酒或百日宴等纪念活动。参加这些活动时，都需注意相应的礼仪规范。

【案例分享】

吴云是某广告公司的策划助理。最近，部门同事王姐买了新房子，打算周末在新家办一个小型的庆祝活动，邀请同事们来参加。

同事们商量了一下，大家凑份子给王姐包一个红包，大家一致推荐让吴云负责此事。部门参加人数一共 8 人，每人出 200 元礼金，聚会前一天吴云用精美的红包袋，将礼金装好。她想，搬了新居净化空气最重要，于是从礼金中拿出 200 元在花卉市场订了一盆富贵竹。

聚会当天，吴云早早地来到王姐家，并将红包奉上，又让送货人员把足有一人多高的富贵竹搬进客厅。大家看到不是很宽敞的空间，放了这么大个盆栽，着实有点不协调。

而事后，王姐拆开红包，看到礼金数额后，更是无言以对……

专家解读

上例中，吴云参加同事的乔迁活动，有些地方做得不够得体。首先，礼金 1400 元，出现了"4"，而且还是"14"这个数字，通常是人们很忌讳的，应该适当变通一下。再者，送礼物不考虑实际情况，本来不大的客厅，摆放了一个大盆栽，着实占用空间。这些都是要注意的细节。

（一）参加同事纪念活动的基本要求

首先，不论参加何种纪念活动，最基本的礼仪要求就是仪表举止要得体。

大多数纪念活动都是喜庆之事，应选择色彩鲜亮具有节庆意味的服装。但要避免喧宾夺主，女士化淡妆即可。

行为举止要体现良好的个人修养，记得要微笑，让主人感受到自己真诚的祝福。

此外，守时也是最基本的要求。

（二）礼金红包

参加一些纪念活动时，红包礼金要体现吉利之意。

红包袋应根据纪念活动的性质选择相应的，如"乔迁之喜""步步高升""大吉大利"等，记得写上祝福语。

（三）礼物选择

纪念活动，除了礼金外，赠送礼物也是不错的选择。

送礼不求最贵，但求最合适。下面列举几个比较有代表性的纪念活动。

1. 庆祝同事乔迁新居

（1）送花草。鲜花及盆栽是最中性的礼物，是乔迁新居的首选礼物，既能为主人家增添喜气又不失品位。但最好是先了解主人家房子的面积大小，主人喜欢什么样的花卉，再选择合适的花。可以预先送花，摆在客厅或餐桌上，增加欢乐气氛。

如送的是鲜花，最好是能多年生花卉。如送盆栽则以四季常绿的为主，如剑兰、富贵竹等表示隆重之意的盆栽、盆景，但这类盆栽一定要考虑新家的大小，客厅是否能容纳下等因素，预防好心办了坏事，避免出现尴尬场面。

（2）送食品。食物和酒也是比较实用的礼物。送酒可选择一瓶香槟酒或一两瓶葡萄酒，在喜宴上即刻可以饮用。如果要送食品，则可选择蛋糕、水果、烤牛肉、烧煮火腿等。

（3）送日用品。可选择面包机、鞋套机、豆浆机还有吸尘器等实用品。也可选择一些能够让室内芳香四溢的物品，如房间喷洒剂、香水等。另外，洗碗机、烤箱等厨房配件和一些家用跑步机、健腹机、踏步机等健身器材都是不错的选择。

（4）送特别礼物。如外国同事，可送带有中国传统文化的礼物。

2. 祝贺同事晋升之喜

合适的礼物如下。

创意书签：比较实用，有很多包装精美的礼盒款可供选择。

励志摆件：摆在桌子上作为装饰品，既美观又有美好寓意，还可以个性刻字。

办公用品：实用性很高，且是常见的礼物，不会引起误会，钢笔、笔记本等都是不错的选择。

注意：如果你跟同事关系不一般，可送稍贵重的礼物，但不能违反国家相关规定。

3. 同事孩子满月或百日宴

送手镯：手镯是一种装饰性的礼品，具有平安幸福的寓意，作为礼物是很不错的选择。

送衣服：比较小的孩子经常会尿床等，衣服需要多准备一些，所以可以给孩子买一些能穿得上的衣服，最好是纯棉材质的，健康又舒适。

另外，还可送婴儿床、小推车，甚至纸尿裤等实用品。在参加满月酒或百日宴时，将这些礼物摆放在一起，不仅非常热闹，还能展现出对宝宝的爱。礼物一定要环保、舒适，以免影响孩子的身体健康。

（四）送礼注意事项

（1）为了表示隆重和礼貌，最好在所赠礼物上书写具名、数量和贺词。如礼物不止一件，还要附上礼单帖，物品名称要用雅称，并在礼单上写上喜庆词语。

（2）送礼要把握时机，不要等到要离开时才提起，应刚进大门口跟主人寒暄时就奉上礼物，这样既不显做作又不唐突。

（五）其他禁忌事项

（1）祝贺乔迁之喜不宜送刀、剪等利器，以及睡衣、浴衣等隐私物。

（2）参加满月酒或百日宴，尽量不要亲吻或抚摸宝宝的脸蛋，以免传染细菌。

第三节　看望职工的礼仪

一、看望困难职工的礼仪

单位负责人或同事看望困难职工时,应尽可能地缓解他们精神上的疾苦和哀伤,稳定其情绪,帮助他们走出阴影,尽快恢复正常生活。这能让员工有更多的归属感,感到组织和同事的关心,从而更加积极努力地投身工作。

 【案例分享】

某建筑公司赵总将到 10 名困难职工家中进行走访看望。在看望之前,赵总安排公司人事部门对将要走访看望的困难员工的基本情况进行了详细的摸底,并结合 10 名困难职工的困难程度、生活现状以及致困原因,确定了不同的慰问标准。在充分调研和摸排的基础上,公司进一步完善了困难职工档案,确定了救助和帮扶方案,以确保将公司的关怀送达每一位困难员工家庭,让他们能够真切感受到企业大家庭的温暖。

在看望过程中,赵总一行分别将慰问金送到每一位困难职工手中,并和他们及其家人进行了亲切交谈。赵总还详细询问了困难职工的身体、生活、工作情况,并代表公司对他们在各自岗位上的不懈努力和辛勤工作及为企业的发展作出的积极贡献给予充分肯定,并鼓励他们一定要树立信心,保持乐观的生活态度,公司也会随时关注他们的工作和生活。

困难员工家庭对赵总及组织的关怀和帮助深表感激,纷纷表示将踏踏实实干好本职工作,不辜负单位和领导的期望。

专家解读

上例中,建筑公司赵总一行看望困难职工的礼仪做得很到位。首先了解了职工的困难程度和生活现状,建立完善档案是很负责的表现;然后根据实际情况提供相应的帮助,及时解决职工困难,并与职工亲切交谈,安慰他们受挫的心灵,鼓励他们建立信心。这样的关怀与支持,无疑会让职工更努力地投入工作。

（一）看望困难职工要做到的几点要求

1. 看望时要有针对性

看望礼仪的针对性很强，不论是代表单位还是个人去看望，都应事先进行了解，针对具体的看望对象说话、行事。

2. 要让对方感到暖心

看望对象往往都是有忧愁和苦恼的人。他们大都需要有人对其进行心理疏导或情绪排解。通过心理疏导和情绪排解，能够让他们心情有所改变，起到安慰作用。安慰的目的是让看望对象不仅能够宽心、舒心，更能够暖心。这一点在对贫困职工进行看望时是不可忽略的。

3. 把握谈话的尺度

在看望时，首先要避免哀怜他人，可以适度地对对方表现出同情与爱护，但总是惋惜对方那些既往之事，则未必适当。

因此，看望时，一定把握好情感尺度，不说犯忌之语，不揭过往短处，不要假设现在或过去的生活状况，以免让困难职工旧难未解又添新愁。

4. 做到真情鼓励

在看望时要避免造假，做表面文章。对困难职工提出的一些比较难办的事情，要持诚恳而坦率的态度。不方便讲的话可以不讲，不便承诺的事可以不承诺，也可以让其再等合适的时机。但是绝不能因为虚伪作假而伤害那些渴望真诚、敏感脆弱的看望对象，避免对他们造成二次伤害。

（二）针对不同看望对象的交谈

针对不同的看望对象，在进行交谈沟通时，要有所变通，或劝慰、或鼓励、或赞扬。总之，可以根据不同的看望对象，说符合实际情况的话。

1. 看望失意或受挫职工

要开导他们，如"吸取教训，总结经验""吃一堑，长一智""不要抱怨、不要气馁""要树立信心，自强不息""人的一生谁还没有几次沟沟坎坎""留得青山在，就会有柴烧""咱哪里跌倒，就从哪里爬起来，这才是一个人的气度"等。

2. 看望受灾或贫困职工

应及时提供一些金钱或救助物品，与此同时，更重要的是要鼓励他们增强信心，战胜困难。在组织关怀的同时，也要引导他们努力发挥自己的能动性。同时还可以强调,国家、各级政府、企业和社会各界都是他们强大的后盾,要有信心在各方的大力支援下,家园会建设得更美好。

3. 看望亡故职工亲属

侧重于疏导思念亲人之苦。引导他们积极面对未来,照顾好在世的亲人。如"请节哀顺变,未来的路还很长,还有好多事等着我们去做""多与亲朋好友联系联系,尽量不要一个人老待在家里,多出去走走"等。

(三)慰问品的选择

根据看望对象选择慰问品。

如是救灾、济困类职工,首先应以满足其当前生存需要为主,一般选择送慰问金或生活必需品。

如看望体弱和伤病的职工,可以送一些时令水果、营养品等以滋补身体。此外,一束鲜花也是不错的慰问品,这能让看望对象心情愉悦。

(四)看望的忌讳

(1)冷漠待人。在看望过程中,切勿对看望对象面无表情。对职工的困难和烦恼不闻不问,会让看望对象感到冷漠。

(2)调侃对方。在看望过程中,切忌对困难职工嘻嘻哈哈,甚至是调侃、嘲弄,更不能八卦对方所面对的一切,这会给人感觉不是来看望的,而是在幸灾乐祸。

(3)施舍他人。不能居高临下地带出施舍之意,这是不尊重看望对象的表现,更会伤害他们的自尊。

(4)悲伤过度。表情过于伤感或凝重,话未开口自己就先泪流满面。这不仅不能起到安慰的作用,还可能会给困难职工及其亲属造成更大的精神负担。

二、探望患病职工的礼仪

一个人当生了病躺在病榻上时,往往会因为健康和生命受到了威胁,感情会更加脆弱,情绪会更加多变。而此时,也更容易产生自卑、自怜的心态。这个时候比其他任何时候都更需要别人的关心和照顾,同时对别人的言行也会更加敏感。

工作中,当遇到单位职工生病或身体不适时,提倡领导、同事们及时前去探望,这不仅可以给职工带来温暖,也会给病人增添战胜病魔的勇气和信心。

作为职场人士,探望患病职工可以增进同事之间友谊,体现组织关怀,让病人得到安慰和增加康复的信心。但一定要注意应有的礼仪。一旦做得不好,则会影响病人的情绪,甚至会加重病情。

【案例分享】

吴霏为了离家近好照顾孩子,最近刚换了一个单位。她年轻、直率,对工作也充满热情。

来单位不久后,一位工作联系比较多的同事小赵在体检中被发现得了癌症。为了给小赵减轻负担,尽量不让他知道实情,单位和家属都瞒着小赵,连一些药瓶的说明都进行了处理。

一天下班后,吴霏和同事张姐买了鲜花、水果一同去医院探望小赵。推开病房门,看到小赵正在地上溜达,吴霏一脸惊讶地对他说:"你得了这么重的病,怎么不好好休息? 快躺下!"小赵一脸疑惑:"是吗? 我得了什么重病? 怪不得家里人连药瓶的说明都撕了,你能告诉我得了什么病吗?"这时,吴霏顿时慌了,才意识到自己说漏了嘴,只能吞吞吐吐地说:"其实啊! 你,你也没什么大病,可能很快就要出院了,你别害怕啊!"

吴霏她们离开后,本来情绪还好好的小赵,马上就像变了一个人似的。他整天躺在床上,有时候两眼直勾勾地望着天花板,有时候又烦躁不安。家属问他究竟发生了什么,他也不言不语。

专家解读

上例中,吴霏在探望患病同事时,有些地方做得很不妥。首先,下班后去探望病人,正好是病人的休息时间,不妥当。其次,她没有敲门就推开病房门也是不礼貌的行为。最重要的是,她当面说出同事患了重病,让同事大受打击,更是不合礼仪之举。她应当和病人家属、医生口径保持一致,或者就不说病情。

(一)探望前的准备

在探望病人之前应当先了解一些具体的情况。

应清楚去医院的线路,以免在路上浪费时间。

问清楚病人所在病区、病床,以免到处打听,扰乱医院的宁静。

了解病人近段时间是否因病情或治疗的特殊要求不宜接待探望者。

了解病人的心理状态和情绪状况,这样才能在与病人谈话时注意谈话内容。

还要根据病人的爱好,带水果、食品、营养品、鲜花等礼品。

（二）探望时间的选择

无论病人是在家休养还是住院治疗,探望者都应注意时间的选择。

最佳时间是上午 10:00—11:00,或根据病人习惯和医院安排具体来定。

最好不要选择病人休息的最佳时间去探望。比如:清晨、中午、傍晚或餐前饭后,这些都是病人最佳的休息时间。如冒昧前去,很可能影响病人休息,虽是一片好心,却收不到良好效果。

探望病人时,逗留时间不宜太长,一般应控制在 20 分钟以内。若病人已在康复中,并有较强意愿希望与前来探望的人交谈,则可多交流一会儿。如果病人的病情还处在静养阶段,探望者应该缩短探望时间,问候几句后便可离开。

（三）探望时的装扮

探望病人时,探望者还应注意着装的选择,以庄重、素雅为宜,颜色鲜艳、款式时尚的衣服尽量不穿。

女性探望病人时,还要注意不能浓妆艳抹。因为,病人在生病期间心理上往往比较脆弱,打扮太过浓郁,可能会影响病人的情绪,进而影响病人康复。

（四）探望时的举止

探望病人时要尽可能保持安静,走路脚步要轻,说话声音要小。

态度要诚恳,既不能绷着脸,也不能嬉皮笑脸,要表现得亲切温暖。

与病人交谈时,说话一定要妥当,宁可少说话,也不要说让病人不愉快的话,更不能触及病人反感或伤心的话题。要多说安慰、鼓励、关心、体贴和问候的话,使病人安心养病,树立与疾病做斗争的信心。可以适当说一些轻松的话题,小幽默一下。

应根据不同的探望对象,奉上相应的劝慰语。

如探望慢性病患者,应劝其不急不躁,安心调养等。

对惧怕手术的病人,则应重在鼓励其鼓起勇气,战胜恐惧。

如探望危重病人,则不可添堵、添乱,重在安抚。尽量不在病人面前谈论其真实病情,切不可与其他人小声嘀咕。可以关注饮食起居、周围环境等内容,多讲病人爱听的话题。

另外,对临终者应尽量满足其要求,如有什么愿望、想吃什么、想见什么人等。

(五)探望礼品

如果与同事的关系比较亲近,可以直接送钱。

现在探望病人,忌讳送苹果和梨,所以不宜购买这两样水果。

礼品的数量一般是两个人可以带两到三件,人数多了,可以带三到五件。有的病人忌讳带四件,所以一般是两件、三件和五件礼品为宜。

(六)探望送花

探望病人宜送康乃馨、百合、水仙、兰花、马蹄莲等配搭的花束或花篮等。

也可选用病人平时比较喜欢的品种,这样会让病人怡情养性,更有利于早日康复。

给病人送花要特别注意以下几点:不要送整盆的花,民间有久病成根的说法,以免引起病人误会;香味比较浓的花容易引起咳嗽或过敏,对术后病人是不利的,要谨慎选择;颜色太艳的花容易刺激病人的神经,可能会引发烦躁情绪;山茶花容易落蕾,会被认为有不吉利的兆头。

如果是送外国友人,需要注意花的数量,因为在西方一些国家,送病人鲜花,讲究花枝应为单数,双数通常是送给死者的。除此之外,花的颜色也有讲究,尽量为单一颜色,如是杂色,会被认为同病房者,有人会生,有人会死,具有不好的寓意。

国内一般也忌讳白、黄、蓝色花,有吊丧之意。

(七)其他注意事项

(1)在探望时,还要考虑到同病房其他病人的感受,不要表现出盛气凌人或冷漠的样子。可以适当关心问候一下其他病友,让病房里的气氛变得热情和融洽。

(2)如果自己有轻微的感冒等疾病,请勿探视病人,以免造成交叉感染现象。

第十章

离开职场的礼仪

第一节　离开职场前的准备工作

一、离职报告的撰写

　　离职报告是个人离开原来的工作岗位时，向单位领导或上级组织提请的一种申请书，是解除劳动合同关系的实用文体。在现代职场中，人员流动比较频繁，或者是去学习深造，或者是要投入另一个单位，总之，总会有各种原因而离开原来的单位，要离开就涉及离职报告的撰写。离职报告的写作和求职信一样具有重要的意义，申请人一定要事先考虑成熟后再作决定，不可仓促行事，以免事后懊悔，给自己带来不必要的烦恼和痛苦。

　　考虑清楚后，就要将离职申请书面化，其中就应掌握好离职报告撰写的礼仪规范。要将申请的基本规范和离职理由写清楚，让对方能够透彻了解你的具体想法。在撰写中要注意格式规范，措辞得当，意思清楚。

　【案例分享】

　　周全担任某公司的总经理助理，领导对其爱护有加，经常派其出去学习，重要场合也常带着他。工作一年后，周全觉得积累了不少经验，就打算跳槽。正好有一家待遇不错的公司也准备要他。于是周全向总经理递交了离职报告。内容如下。

辞职申请书

尊敬的××总经理：

您好！

我因个人原因，经过认真思考，决定辞去总经理助理一职。

在公司工作的一年时间里，我很幸运，能够有机会在这样一支团结向上、优秀的团队里学习，认识了这么多优秀的朋友和同事，学到了很多新的东西，也充实和丰富了自己。

但是，天下没有不散的筵席。目前，我又找到了一份比咱们公司更好的工作。很遗憾，不能再为公司做更多的贡献了。希望公司能够蒸蒸日上，有更好的发展，我对公司的感情也会是一如既往。

我希望公司领导在百忙之中抽出时间商量一下工作交接问题。我打算一周后离职，希望您能够尽快批复。

谢谢！

专家解读

上例中，周全的离职报告，有几处不妥的地方。首先，明确告知领导要跳槽，让领导怎么想？公司花费了人力、物力和财力培养一个人才，刚能独当一面，然后就辞职？这是不是缺乏职业道德的表现？即使找到更好的工作也不要在辞职报告中炫耀，以免伤了原来同事的感情。这一点应该考虑较委婉的措辞。其次，一周后离职也是不合礼仪的，一般规定是提前一个月提出离职。最后，落款的姓名、日期也不明确，应注意基本的格式规范。

（一）离职报告的格式规范

比较正式的离职报告一般由标题、称呼、正文、结尾、落款五部分组成。

1. 标题

在申请书的第一行正中应写上申请书的名称。一般辞职申请书由事由和文种名共同构成，即以"辞职申请书"为标题。标题的字号一般要比正文稍大，字体可以加粗，这样会让标题看着更醒目，让阅读的人一目了然。

2. 称呼

要在正文的第一行顶格处（不可缩进），写明要接受此辞职报告的部门或领导的称谓及姓名称呼，并且以冒号结束。如果是写给个人的要加上"您好"两个字，应空两格，并另起一行，不要直接写在某某部门或领导的后面。

注意：请不要越级将申请书写给部门领导的上级，或是写给别的部门领导,这样会让事情办起来更复杂。

3.正文

正文是一份辞职申请书的主要部分,其内容主要由以下几部分组成。

（1）要感谢领导的培养和同事们的帮助。

（2）要提出申请辞职的内容,此内容可以开门见山,让人一看便知。

（3）申述提出申请的具体理由。此内容可以将自己辞职的相关情况详细列出,条理要清晰,主次要分明。

（4）要说明离职的时间和需要领导协助解决的问题。最后,写上"希望领导批准为盼"等字样。

4.结尾

（1）正文下一行空两格,要求写上表示敬意的话。如"此致——敬礼"等。

（2）此致敬礼一般分两行写。

5.落款

（1）首行空两格,与"此致——敬礼"对齐。

（2）写清楚辞职人的部门、姓名。

（3）写清楚提出辞职申请的具体日期。

（二）撰写离职报告的禁忌

（1）尽量不在离职报告中说上司的坏话,如果你认为有必要向管理层反映上司的问题,如果不是什么原则性的问题,以口头提出为宜,而且言辞尽量委婉些。

（2）不要抱怨和抨击公司的制度。

（3）不要指责同事,更忌讳把同事的不足或过错白纸黑字写在辞职报告上。

（4）不宜提及未获公司重用或尊重。

（5）不宜直言因某些原因被迫辞职。

（6）因健康、家庭原因。如父母生病,需要回家照顾。如果不是实际情况要慎用,否则相当于"诅咒"父母。

（7）不宜明确表达找到另一份更适合自己的工作,这就明摆着告诉公司现在的公司不好,你要跳槽了。

（三）离职报告的注意事项

1. 寻找合适的辞职理由

协商解决，辞职理由可先与领导口头上沟通，如继续深造、回老家发展，得到领导的理解。

预告离职，不需要特别的理由，只需提前 30 日通知单位，次月离职即可。

即时离职，需要特定的理由，如单位拖欠工资，不依法支付社保、加班费等。

2. 注意措辞

离职报告的措辞要委婉，不宜强烈，以免激化矛盾。同时也不必委曲求全，放弃自己应有的权利。

3. 取得相关的材料证明

辞职过程中如果需要离职者提供相关证明，比如即时离职的情况，离职者则负有举证的责任和义务，相关材料需是原件并注意自己保留。

4. 做好各种准备

辞职问题如果处理不当，就有可能产生一系列的问题。如果入职时和单位签订了协议，有学习培训、服务期限等项目的违约金赔偿，又或者你的档案和社保关系仍在单位的话，单位有可能会要求赔偿违约金，不给顺利转移档案和社保的情况出现。近年来这样的事件时有发生，在撰写离职报告前就一定要做好相应的心理准备，否则最后可能会是一场持久战。

（四）维护自己的正当权益

员工在辞职时也是享有一定权利的，所以，我们可以根据自己享有的权利选择正确的辞职方式。

（1）如果确需离职，建议大家首选协商解决的办法。这种情况不需要写离职报告，以口头协商为主，只要劳资双方通过协商，都同意解除劳动合同即可，皆大欢喜。

（2）预告解除合同的权利，即员工可以提前 30 日向单位提出离职申请，领导会作出相应的安排。

（3）即时离职，这种情况一般不多见，此辞职方式需要特定的法定理由，员工不需要向单位承担任何的赔偿或者违约责任。

二、离职前的沟通礼仪

职场中，无论哪种类型的员工，离职前，都免不了要跟领导和同事进行一些必要的沟通，毕竟大家共事一场，即使做不成朋友，也别当成仇敌。离职前与上司和同事沟通良好，才可能让前领导帮你有好的推荐或在必要时为你说好话，让前同事成为你的支持者，未来若有好的机会，还有可能想到你。

那么，离职前如何沟通呢？针对领导和同事，有些该说的不该说的，怎么说，都是要讲技巧的。因此，应该掌握应有的礼仪规范。

 【案例分享】

刘倩是一家 IT 公司的策划助理，来公司一年多，她觉得工资不高，而且没有太大的发展空间，于是决定跳槽。首先，她跟同事抱怨工资低并打算辞职，没多久就在同事间传得沸沸扬扬。

接着，刘倩向部门经理提出离职。

当经理问到刘倩为何要辞职时，开始她还委婉地表示，自己不太适合这个岗位。经理觉得刘倩虽然年轻，但做事还是很认真，于是真诚地挽留，并表示如果有条件可以提出来大家协商。虽然刘倩觉得经理不会同意自己的条件，但还是不客气地说道："要我留下也可以，第一，给我涨工资；第二，我要更多参与项目的机会。"经理一听，一脸不悦地让刘倩尽快离开。

 专家解读

上例中，刘倩离职前的沟通，做得很不妥当。首先，她将离职的事跟同事宣扬，有失个人修养，也会给公司和同事带来不良影响。其次，在经理挽留时，毫不客气地提出明知不现实的条件。这会给人一种威胁和不尊重的意味，更是失礼之举。

（一）离职怎么提

口头请辞，要找准对象，顶头上司应该是第一个知道你要离职的人。

在正式提辞呈之前，切忌跟其他同事透露，以免话传话带来不必要的麻烦。

最佳的方法还是传统的当面口头请辞。

首先,找机会或发微信、打电话和领导预约,可以说:"经理,我想跟您单独聊聊我的职业发展问题,您看什么时间方便?"领导听后也就基本懂了,也方便领导有比较充裕时间来思考和准备。

不建议毫无征兆地直接到领导办公室说:"经理,我要离职。"这样就没有给对方缓冲的余地。如果你的工作还比较重要,这可能会给领导比较大的冲击,会让领导措手不及,工作没有办法衔接,甚至会引发领导的负面情绪。

待准备妥当,跟领导正式提交辞呈,可以说:"经理,非常感谢这段时间您的照顾。我认真想过,对自己的职业发展也有一些新的想法,所以打算辞职。您可以找更合适的人来接替我的工作。我可以工作到月底,如果您同意,我先准备交接清单,等您确定了合适的人再开始交接。您看可以吗?"

同时递上亲笔签名的书面辞呈,算是正式的提请。

(二)如何面对挽留

当提出辞职申请时,有时候领导会进行挽留。

挽留方式一般可归纳如下几类。

诱之以利:"你对这里的工作有什么想法?可以协商调整。"

动之以情:"你要离职让我感到很难过,咱们一起工作了这么长时间,已经成了家人了!"

降低姿态:"我在哪方面做的或说的有什么不妥?咱们可以沟通解决,还是请你留下来,以后我多注意点。"

拖延战术:"最近人手紧张,等我找到合适的人你再走?"

晓之以理:"别的单位可能薪酬高一点,但咱们的工作环境好啊!福利待遇也不错,还有年终奖。"

面对以上挽留,如果自己去意已决,建议把谈话重点拉回到准备离开的时间和工作交接上来,并重申辞职意愿。例如:"领导,很感谢您看重我,但请相信我,这也是我经过认真思考作出的决定。"

等领导同意辞职后,随即要和领导沟通以下问题。

第一,有没有特别需要注意的事项?领导对离职的方式有什么建议?是否需要提交书面辞职报告?是否要对同事保密?工作需要交接给谁?等一系列问题。

第二，尽快提出工作交接清单，并在领导或领导指定的监交人监督下完成交接工作。

（三）如何面对同事"八卦"

从你向领导提出辞职的那刻起，关于你离职消息可能很快就传开了，那么，你将可能面对同事的各种问题。应如何应对这些问题呢？

"这干得好好的，怎么突然要走了？"

"听说你要走啦？准备什么时候离开？"

"为什么要走啊？"

"准备去哪里啊？"

"领导就没有挽留你？"

面对这样的问题，切记一个原则：少说为宜，给同事的答案不宜多于给领导的答案。

第二节　离开职场后的礼仪

一、适当表达感谢

通常人们在离职之际，千言万语涌上心头，有说不出的感慨，或许是遗憾，或许有不舍，也可能有些无奈，但天下没有不散的筵席。不如自己静下来深深思考，在单位工作的这段时间里有哪些难忘的事，领导和同事给予了哪些真诚无私的帮助，用真挚的言语或实际行动表达对他们的感谢。这是一种修养的体现。

职场人士离职后表达感谢的方式有多种，但无论哪一种，都应该是真情流露，这不仅体现了个人修养，更是对对方最基本的尊重。哪怕仅仅花费几分钟的时间写一封真诚的感谢信或微信，说不定也会给自己带来意想不到的惊喜。下面我们来看一个真实的案例。

【案例分享】

李宏是北京一家电子公司的员工，由于某种原因要回老家发展。在公司一年多，老板和部门经理对他关爱有加。于是他在离职前给老板和部门经理写了一封真挚的感谢信。

他在信中说道:"感谢公司给了我人生中第一份工作。在咱们公司工作的一年多时间里,不仅让我学到了许多的专业知识,也让我学会了很多为人处世的道理。感谢老板对我工作中出现的错误给予包容和谅解,更感谢老板对我工作的信任与支持。也感谢陈经理教会了我许多专业知识,刚来咱公司时,坐在您身边,感觉压力挺大的。相处久了,其实您也蛮和蔼的,手把手教会了我很多东西……总之,没有你们的关心和照顾,就没有小李今天的成长和收获……"

公司老板和部门经理都被李宏的真挚谢意所打动。在李宏回老家一年后,公司恰好有个项目在李宏老家县城开展,需要一个项目经理来负责工作。大家一下就想到了李宏。

专家解读

上例中,李宏向老板和部门领导表达感谢时,礼仪做得很得体。信中语言朴实,态度真诚。他衷心感激老板对自己的知遇之恩以及部门经理的教导。这给老板留下了特别好的印象,从而在一年后有更好的机会时,老板第一时间就想到了李宏。可见离职后的感谢是很有必要的。

(一)感谢的重要性

离职之前跟领导、同事告别并感谢,是最基本的礼貌,也是最基本的尊敬。对前领导和老同事要信任,他们才是对你职场生涯最有帮助的人。

尤其是老同事,以后有可能成为你职场生涯中最大的助力者。因为他们跟你一个行业、一个岗位,也许几年之后都会在你的工作领域处于很重要的位置,分布在各个公司,成为对你有直接帮助的人脉。大家相处时间比较长,也有一定的信任关系,不能因为离职不告而别而伤了感情。

在职场中,朋友的情分也要珍惜。

(二)真诚的感谢信

首先,确定感谢对象,一般为平时一起合作过的关系比较好的领导或同事。

然后,可通过电子邮件、微信等方式,写一篇言辞诚恳、充满感情的感谢信,说明和他们合作很愉快并祝他们好运。但也不要给太多人发邮件。尤其是老总,如果平时跟老总接触不多,也没什么来往,他对你也没有太多印象,最好不要发,因为在信中若是提到对你如何帮助和关照就显得有点虚假。除非老总就是你的顶头上司,平时在他手下工作受益良多,就可以表达真诚感谢。

邮件末尾应标注上新的联系方式,便于你离开公司后,遇到只有你能处理的难题时,他们能第一时间找到你。

(三) 告别宴请

有的人离职告别,会请比较好的领导或同事(近似于朋友)吃一顿大餐,也就是我们常说的"散伙饭"。

离职前请领导、同事聚餐的感谢方式是比较好的。

因为日后的工作中,特别是你的新公司和原公司在同一城市的时候,和之前的领导、同事还是有很大的见面机会,此次的聚餐会为今后的交往打下良好的基础。

在跟大家敬酒的时候,可以说一些发自肺腑的感谢之言。

如:

"今天谢谢大家来送我,是领导培养了我,是同事关照我,才有了今天,衷心地感谢大家!"

"今天我们要开开心心地吃好、喝好,我真的对大家有一万个不舍,没关系,选择了分别,就意味着再次重逢,有缘一定会再见。"

"我祝各位继续升官发财,事业蒸蒸日上,大家对我的帮助,我永记心中。"

事实上,感谢之言要临场发挥得好,不要刻意去表达肉麻的话,轻松自然,甚至幽默搞笑也不为过。

在这里要提醒您注意:"散伙饭",不要变成"抱怨会"。

通常,不管出于什么原因离职,心里多少都会有些介意。一般酒桌上若是气氛融洽,把酒言欢者容易感情用事地"酒后吐真言","散伙饭"很容易就变成"抱怨会"。

因此,请不要在酒至半酣时,就开始无所忌讳地跟同事抱怨:公司的制度、领导的处事方式等。

总之,应小心谨慎。该说的才说,不该说的不说。

(四) 礼物留念

如果和领导、同事的关系一般,礼节性地表示一下感谢就可以了。

但对于一些曾经在工作上帮助过自己的领导、同事,大家相处中已经形成了很不错的朋友关系,而你也认为这种关系,在离开单位之后也有必要保持下去,那么送个小礼物以表感谢、留作纪念也未尝不可。

礼物建议尽量选择一些比较有纪念价值的东西,另外还要考虑到领导、同事的年龄层次和个人喜好,可以根据实际情况分开准备。如比较实用的钢笔套装礼盒、设计精巧的 U 盘、笔记本等办公用品;或富有个性的创意装饰品等,只有用心的礼物才会让人更加珍惜、更加感动。

二、离开职场后的禁忌

无论是主动还是被动,很多人在离职之后,常常会患得患失,甚至出现一些负面情绪,这种职场心理特征并不少见。建议大家一定要学会自我调节,既然已经离开,不妨对未来多一点期待、多一点希望。

离开职场后,无论是已经找到工作,还是进行调节休整,给自己放假一段时间后,接着找新工作,再战职场,都要注意一些禁忌事项,以确保今后的工作和生活能顺利开展。

 【案例分享】

姚先生在某公司工作 5 年多,在业务上是一把好手。但因与上司长期不和,姚先生忍无可忍,最终选择了离职。

离开职场后,姚先生情绪波动比较大,患得患失,还总向家人和朋友,甚至前同事抱怨上司是如何苛刻和愚蠢。幸好在家人的劝慰下,经过一段时间的调整,他决定重新找工作。

在朋友推荐下,姚先生面试了好几家企业。无一例外地,招聘人员都问到了离职原因和前公司的一些情况。姚先生直言相告,却都没能应聘成功。

后经朋友打探后告诉姚先生,对方觉得他能力不错,但由于"抱怨公司制度、贬低前任领导"这两点,一票否决了姚先生。认为与领导关系都搞不好,可见不会处理人际关系。抱怨公司、贬低上司,更有失修养。

专家解读

上例中，姚先生在离开职场后，情绪上波动较大，生气、抱怨等，不仅影响身心健康，而且也对家人和朋友造成了影响，尤其是在前同事面前抱怨前领导，更是有失职业素养。然后再找新工作，面试时，抱怨原公司的制度，与上司不和就进行贬低，都是很不得体的行为。

（一）心理禁忌

在刚离开职场后，有时会患得患失，怀疑自己的决定是否太仓促。有点后悔，总是试图拿起电话，想问问原公司是否能收回辞呈。应避免这种摇摆不定的心情。

因为老板令人失望，所以你最终向他说了"拜拜"，然后像电影里的情节一样，摔门而出。愤怒，让你失去了理智。在离开职场后，你总是在脑子里回放这一幕，从而让自己更加生气。这样会影响接下来的工作和生活，应及时进行调整。

也许你在离职后又找到了新单位，薪资、待遇、环境都比上一家单位强很多，你会被一时的狂喜浸泡着，轻飘飘地浮在半空中，忘乎所以。这样很不利于新工作的开展。

离职后你应该感到高兴，因为你辞职是为了一个更好的机会。应尽量调整好心态，避免迷茫忧愁。

（二）竞业禁忌

通常大部分人离职后，都会考虑寻找新工作。若是去原公司的竞争对手公司，那么，很多问题就有点敏感了。这时应该注意一些必要的禁忌。

首先，透露原公司核心商业机密是最大的禁忌。

这里要提到一个专业名词——竞业禁止，又称为竞业回避或竞业避让，是用人单位对员工采取的以保护其商业秘密为目的的一种法律措施。通常在员工离职后，用人单位都会让其签署"竞业禁止协议"，即保密协议。

这样做，短期看，你可能帮新公司赢得不菲的商业利益，但新领导也很清楚，如果你轻易就能出卖原公司，再跳槽时你势必也会这么做，后果就是失去每一任领导对你的信任。

在这里要建议大家：不透露原公司的信息，不等于你在新公司无法开展工作。一个可供参考的做法是，不要轻易谈及你过去工作中接触到的事实和数据，而是用自己的看法、判断来支撑决策。需要借用原公司资源时，则要审视你的行为是否会触及原公司的利益。

我们应该明白：离职后带走的应该是技能，而不是资源。这不仅仅是竞业禁止的要求，更是职业道德的体现。

（三）其他言行态度禁忌

1. 说不利于原公司的话

离职后，说不定以后还要与原来的同事打交道，所以不要过河拆桥，也不要在新的领导面前抱怨前任领导。再次遇到老同事时，不要吹嘘新工作，或者一个劲儿鼓动他们辞职。避免以负面方式谈论原公司，这会影响你在行业内的声誉。

要注意：离开上家公司，你可能会听到它的负面消息，对这些话题应有意识地回避。因为，不论是批评以前的公司，还是为以前的公司辩解，都可能产生负面效果。

2. 积极挖原公司的人进新单位

这样做，也许新公司会短期获益，但同时也会令新公司对你渐生防范之心，怕你再度离职时再挖墙脚。

3. 到新公司太高调

人际交往方面，建议去竞争对手公司后尽量低调。因为只要跳槽者不在朋友圈等社交媒体上过度炫耀，原公司通常不会主动找麻烦。

要注意：如果实在要发朋友圈，建议可以分一下组。换位思考，以前的同事也未必想要每天看到你现在公司的事情。

最后提醒您：纵使对原公司有强烈不满，离职后也不要太高调。因为外人很难搞清楚到底发生了什么，弄得满城风雨，不免让人质疑您的情商和为人处世之道。

后　记

本书在教学实践中反复打磨，今天终于要面世了。

在本书修改过程中，衷心感谢我国著名礼仪学专家、武汉大学教授李荣建先生，中国报业协会第六届理事会副秘书长、《中国报业》杂志社社长、总编辑胡线勤先生，中国职工电化教育中心主任郭孝实先生，中国职工电化教育中心认证中心主任王彪先生，北京市职业研究会礼仪分会副秘书长纪筱安女士，兰州城市学院教授冉秋霞女士，中国传媒大学副教授付江先生，人民交通出版社高级编辑林宇峰先生，陕西西岳华山城市建设投资开发有限公司副总经理雷裕荣先生等朋友提出的中肯意见和指导；还要感谢张钰婷、何彦文、金煜盛三位朋友热心参与了插图拍摄。

感谢为本书作出贡献的所有朋友！因为你们，我会更加努力！

刘雅琳